DIGITAL NATIVE AND SOCIAL MEDIA

デジタル・ネイティブとソーシャルメディア

若者が生み出す新たなコミュニケーション

松下慶太
Keita Matsushita

教育評論社

◉目次

第2章「つながり」よければすべてよし？　73

第3章　コミュニケーション全盛の時代　133

第4章　モバイル×ソーシャルが変える社会　189

はじめに

近年、学生と話していると人間の心理、コミュニケーションへの関心が非常に高いと感じる。こうした学生たちの関心はどうやら家族や友人など人間関係への関心の高さに起因しているようである。また、関心だけでなく地域や施設でのボランティア活動など社会参加にも積極的である。２０１１年3月に発生した東日本大震災以降、街頭で募金を呼びかけ、被災地にも多くの学生ボランティアが集まったのもうなずける。そんな彼ら彼女らを言葉で表すと、繊細で優しい若者たちという表現になるだろうか。

筆者は普段、大学でメディアやコミュニケーション、社会に関する講義を担当している。かつては新聞やテレビ広告、出版などマスメディアが学生の関心の中心であったが、近年はやや変化が見られる。ケータイ・メールなどのパーソナル・コミュニケーション、また2ちゃんねるなどネット上の掲示板やmixiやTwitter, Facebookなどソーシャルメディアといったマスともパーソナルとも区別しがたいようなコミュニケーションに大きな関心が寄せられている。こうした変化は、これまでマスメディアの使命であった政治、経済など「大きなもの」に影響を及ぼし、社会を構成する「良き市民」を育てる、というよりも、日常生活の中で、家族や友人、あるいは趣味や関心を共にするコミュニティの仲間とコミュニケーションを取ることに若者たちの関心が移っていっていることを示しているのかも知れない。確かに、こうした「公」への関心が薄らいで、身の回りの「私」的なことばかりに関心が移っていることを問題視する向きもある。しかし、ここ数年、世界を見回すと、友人や気の合う仲間と始めた「ちょっとしたこと」が、「大きな流れ」となる事例を多く見つけることができる。一体そこにはどういった力学が働いているのか、底流に流れているのはどういった変化なのか。

本書は筆者がこうした現代の社会と若者たちを見ていく上で、重要だと思い、講義している内容を一冊にまとめたものである。そのため専門的な部分もあるものの、なるべく平易な表現を心がけた。講義では常に抽象と具体の往復、つまり、理論と事例を往復しながら理解し、考えることの重要性を強調している。そのため本書は現代社会で起こっているさまざまな事例を見ていきながら、そこからキーワードを浮かび上がらせ、現代の社会、若者を理解し、向き合うための視点や枠組みを得ること、あるいは逆に、キーワードや視点や枠組みを獲得することで、これまで目にしてきた、そしてこれから目にしていくさまざまな事例を解釈し、理解できるようになることを目的としている。

本書の構造は以下の通りである。

第1章ではデジタル・ネイティブについて見ていく。生まれた時からデジタルメディアに囲まれて育ってきた世代をデジタル・ネイティブと呼ぶが、彼ら彼女らのコミュニケーションの特徴を見ていった上で、どのような価値観を持ち、社会とどのように接しているのか、特にmixiやTwitter, Facebookといったソーシャルメディアが普及しつつある現代における社会参加をキーワードとして検討していく。

第2章ではデジタル・ネイティブたちの生まれ育った現代の情報化社会を見ていく上で有効な視点を提供しうるソーシャル・キャピタル論、ネットワーク論について概観する。つながり自体に価値を見いだすソーシャル・キャピタル論は、近年、経済や経営、教育、福祉、地域などさまざまな領域で注目されている。またネットワーク論は、点と点が結ばれて形成されるさまざまなネットワークの構造について考察するものであり、食物連鎖、電力網、航空経路さらには人間関係の分析にも応用されている。こうしたソーシャル・キャピタル論、ネットワーク論の知見を用い、デジタル・ネイティブたちのコミュニケーションや人間関係を考察する。

第3章では大学生の多くが直面し、思い悩む就職活動について検討する。長引く不況、経済のグローバル化の中で長期化し、厳しくなる就職活動を情報やメディア、コミュニケーションという視点から切り取り、そこでデジタル・ネイティブである大学生がどのように対応しようとしているのか、を考察する。

第4章では、スマートフォンが普及しつつある現代において、コミュニケーション・メディアにおけるモバイルの意味を検討し、そこにソーシャルメディアも加えた「モバイル×ソーシャル」が私たちの日常や社会において、どのような影響を与えているかを見ていく。その上で、ソーシャル・ネイティブとも言える若者たちをどのように理解し、また彼ら彼女にどう向き合うべきかを考える。

本書は大上段に構えた社会学の理論書でもないし、それを紹介する教科書でもない。また先端的な事例だけを集めて紹介するような事例集でもない。まさしくソーシャルメディアがマスともパーソナルとも言えないような存在であるように、本書も理論書でも、教科書でも、事例集でもない存在である。読者がそのどちらともつかない本書で惑いつつも、現代社会や若者、ソーシャルメディアを理解し、考えるきっかけとなれば幸いである。

第1章
デジタル・ネイティブが来た！

「うめけん」こと梅崎健理をご存知だろうか。彼はむしろ、Twitter のユーザー名「@ume-ken」として有名かも知れない。彼はソフトバンク社長である孫正義が3番目にフォローしたことで一躍有名になり、2010年には「〜なう」で流行語大賞を受賞した。うめけんが生まれたのは1993年、つまり、彼は物心ついた時からPCやケータイ、インターネットがあるのが当たり前であった。彼のように生まれた時からデジタルメディアに囲まれて育った世代は「デジタル・ネイティブ」と呼ばれる。本章ではデジタル・ネイティブと彼ら彼女らの特徴について見ていった上で、そのコミュニケーションについて考察していきたい。

「最近の若者は…」という若者批判は古今東西、行われてきた。そして、その時々の若者世代に対してさまざまな名称が付けられてきた。オトナ達はシラケ世代、新人類、ロストジェネレーション、ゆとり世代などさまざまな名称を付け、若者たちを描き出そうとしてきたが、そのほとんどはネガティブな意味合いだった。極論すれば、これまで若者論、あるいは世代論とは基本的にはオトナから若者への一方的な攻撃だったと言えるのである。それではデジタル・ネイティブもそのようなネガティブな意味合いを含んだ若者論・世代論なのだろうか。

デジタル・ネイティブと、オトナたちのようにデジタルの世界に後からやって来たデジタル・イミグランツという世代区分は確かに従来言われてきたようなデジタルかアナログかというメディアの二項対立的な構図を描き出し、コンピュータ・インターネットが普及している現代の情報社会において説得力を持つ視点であろう。しかし、そのような「アナログvs.デジタル」という対立軸や若者とオトナという世代論に陥ってしまうだけではもったいない。既存のメディア、新しいメディアがデジタル・ネイティブと出会う中で、彼らの中で新たなメディアの消費スタイルが模索され、定着しながら、これまでとは異なる新たなメディア環境が形成されていくことになる。またデジタル・ネイティブが社会に出て自らがメディアを提供する側に回った場合、新たな発想でのメディア、あるいはメディア利用を提案するだろう。このように、単に新しいデジタルメディアが古いメディアに取って代わるだけではなく、デジタルメディア自体がどのように再編して／されていくかというダイナミズムこそが実は重要である。更に言うと、デジタル・ネイティブがそうしたメディア技術の発展や環境の変化に対応し、使いこなしているというよりも、そうした環境の変化によって、コミュニケーション観そのものが変わっている状況を理解することも重要である。

1　デジタル・ネイティブの登場

２０１０年、さまざまな分野の注目人物が集まり、講演するTED Conferenceでアドラ・スビタック（Adora Svitak）は、世界に必要なのは「Childish Thinking（子ども思考）」であると主張した。「Childish Thinking」とは「大胆なアイデア」、「むき出しの創造性」、「楽観主義」などであり、大人達はこうした要素を子どもから学ぶべきであると指摘した。彼女は１９９７年生まれで、７歳でブログを始め、世界で起こるさまざまなニュースや自分の関心について綴っており、すでにこれまでにエッセイや小説などを発表している。

デジタル・ネイティブって誰だ？

デジタル・ネイティブは21世紀以降、提唱されるようになった世代名称である。そのきっかけとなったのはアメリカのM・プレンスキーが２００１年に発表した〝Digital Natives, Digital Immigrants〟、〝Do They Really Think Differently?〟という一連の論文であった。そこで彼は生まれた時からコンピュータやビデオゲーム、インターネットなどのデジタルメディアに囲まれて育ち、それらを自在に操る若者世代を〝Digital Natives（デジタル生まれ。以下、デジタル・ネイティブ）〟と名付けた。それに対して、デジタル環境のない時代に生まれ育ち、オトナになってからデジタル世界にやって来た世代を〝Digital Immigrants（デジタル移民。以下、デジタル・イミグランツ）〟とした。

他にも、D・タプスコットは日本も含めた12カ国での調査をまとめた『デジタル・ネイティブが世界を変える』（栗原潔訳、翔泳社、２００９）の中で、２００８年の時点で11歳〜31歳の層をネット世代と名付け、さらに「ネット世代の子供たちはデジタルテクノロジーと共に育つことでそれを吸収してきた。一方、大人の世代はテクノロジーに順応しなければならない。『順応』は『吸収』と異なる学習プロセスでありはるかに難しい」と世代間の隔絶を指摘している。[1] 以上のようにデジタル・ネイティブは主にアメリカにおいて問題が提起され、調査・研究が進められてきた。

デジタル・ネイティブはデジタルメディアを何も考えずに当たり前のように使いこなしており、意識して使いこなす、といった感覚を持っていない。つまり、ネイティブ・スピーカーが母国語を無意識に使うのと同様に、「なぜ」とか「どのようにして」といった問いに対してうまく答えられないのである。一方、デジタル・イミグランツはデジタルメディアを使うときに「訛り」が出てしまうとプレンスキーは指摘している。例えば、ケータイを使うときに、デジタル・ネイティブは実際にいろいろなボタンを押したり、触ったりしながら使い方を覚えようとするが、デジタル・イミグランツはまず説明書を読んで、確認してからケータイを操作しようとする、といった類である。読者のみなさんはNTTドコモのケータイの説明書が分厚すぎてうんざりしたことがないだろうか、あるいはiPhoneの説明書が簡略すぎて不親切だと感じたことがないだろうか。前者はデジタル・ネイティブ的、後者はデジタル・イミグランツ的な感じ方だと言えるだろう。

日本のデジタル・ネイティブ

こうしたデジタル・ネイティブを日本という文脈で見てみるために、プレンスキーが言うコンピュータやビデオゲーム、インターネットが日本で登場したり、普及したりした年号をいくつか確認しておこう。１９８０年代前後では、ウォークマンは１９７９年、ファミコンは1983年にそれぞれ登場し、私たちのメディア環境を大きく塗り替えた。また1990年代にはプレイステーションが1994年に登場し、「インターネット」が流行語となり普及が進んだのが1995年、ポケベルの加入者が1000万人を超え、最盛期と言われたのが1996年であった。2000年前後はｉモードが1999年に、iPod は2001年にそれぞれ登場した。このように振り返ってみると、日本で物心ついたときにはこれらが当たり前となっている世代、つまり日本版デジタル・ネイティブはおおよそ80年代半ばから90年代生まれ、2012年現在では20代までくらいまでが該当すると言えるだろう。

日本においてデジタル・ネイティブが注目を集めだしたのはアメリカからやや遅れて2008年前後であった。例えば、2008年11月に放送されたNHKスペシャル「デジタル・ネイティブ」では、日本、アメリカでの取材を中心にデジタル・ネイティブの実態や生き方、社会での影響力などが取り上げられ、反響を呼んだ。また、この番組を書籍化した『デジタルネイティブ』（NHK出版、2009）をはじめ、前述のタプスコットの邦訳『デジタルネイティブが世界を変える』、木下晃伸『デジタルネイティブの時代』（東洋経済新報社、2009）などが相次いで出版されたことで、デジタル・ネイティブの実態や現状がより広く認知されるようになった。

これらに加えてデジタルメディアに関する調査・研究からデジタル・ネイティブについて触

れているものもある。筆者も２００７年の著作でデジタル・ネイティブとデジタル・イミグランツ、さらに両方の文化の体験者である「デジタル・ミドル」を想定し、若者のケータイ・コミュニケーションについて分析した。[2] また高橋利枝・本田量久・寺島拓幸は１９９５年を基準にその時点で12歳未満（デジタル世代）とそれ以上（非デジタル世代）とに分け、その中でデジタルメディアを利用している／していない、によってそれぞれデジタル・ネイティブ／デジタル異邦人、デジタル定住者／デジタル移民という区分を示しながらデジタル・ネイティブの情報行動についての定量調査を行った。[3] さらに高橋は mixi や Myspace などのＳＮＳを事例に挙げながらデジタル・ネイティブのネットワーク・コミュニケーションへのエンゲージメントに注目し、主にエスノグラフィーを用いた調査研究も行っている。[4] 橋元良明は電通との共同調査結果からＰＣで書き、ケータイで読む76世代（１９７６年前後生まれ、以下同様）、ケータイで書き、ＰＣで読む86世代、モバイル機器中心の96世代と区分し、特に96世代を「ネオ・デジタル・ネイティブ世代」と位置づけた。[5]

デジタル・ネイティブはインターネット的？

ここでデジタル・ネイティブとは、デジタルメディアを使いこなしている世代である、という理解は表層的にすぎないという点を確認しておきたい。例えば、デジタル・イミグランツも「流暢に」デジタルメディアを使いこなせればデジタル・ネイティブになるか、と言えば、答えは「NO」である。デジタル・ネイティブとデジタル・イミグランツはデジタルメディアを同じように使っていても、その背景にある意識はかなり違うのである。

プレンスキーもむしろそういった両者の間にある認識の違いを強調してる。それではどのような認識の違いがあるのだろうか。

デジタル・ネイティブ	デジタル・イミグランツ
トゥイッチスピード	従来のスピード
並行処理	単線処理
ランダムアクセス	順序に沿った思考
グラフィック先行	テキスト先行
ネットワーク	スタンドアローン
能動的	受動的
プレイ	ワーク
報酬	我慢
ファンタジー	リアリティ
テクノロジーは友達	テクノロジーは敵

1-01　デジタル・ネイティブとデジタル・イミグランツの認知スタイルの違い

プレンスキーはデジタル・ネイティブとデジタル・イミグランツの認知スタイルの違いについて、1―01のように10の特徴を挙げている。これらの特徴を補足しながら見ていこう。

「トゥイッチスピード vs.従来のスピード」に関して見てみよう。トゥイッチ（twitch）とはぴくぴくと動いている様子を示す言葉である。例えば、釣りでルアーを動かしたり、止めたりしながら釣ることをトゥイッチングというが、それと同様、小刻みに動いている様子を表している。つまり、デジタル・ネイティブは従来のスピードに比べて、小刻みに様々な情報あるいはメディアをトゥイッチすることに慣れているのである。テレビでチャンネルを次々と回しながら見る、あるいはケータイでTwitterのタイムラインをどんどんスクロールしながら見ていく、インターネットのハイパーリンクをたどりながらさまざまなページをサーフィンしていく様子はメディア・トゥイッチングの最たるものであろう。そのため、デジタル・ネイティブにとってデジタル・イミグランツたちの慣れている従来のスピードは退屈に見えてしまうのである。一方で、デジタル・イミグランツからすると、このような行動はすぐに別のものに移り変わるので、ふらふらしていて継続力がない、といったように見える。こうしたスピードの違いは「グラフィック先行 vs. テキスト先行」にも関係している。デジタル・ネイティブが画像や映像（グラフィック）に慣れ親しんでおり、彼ら彼女らにとって文字（テキスト）とは画像や映像を補足するものなのである。逆にデジタル・イミグランツにとってはまず文字がありきで、画像や映像はそれを補足するために用いられるものなのである。

「並行処理 vs. 単線処理」や「ランダムアクセス vs. 順序に沿った思考」は、デジタル・ネイティブの、同時にさまざまな処理を行う「ながら行動」を考えると分かりやすいだろう。デジタル・ネイティブにとって、テレビを見ながら音楽を聞き、さらにケータイでTwitterを見ている、といったようなことは日常的である。そして、面白いコンテンツがあるとそれに集中するが、また他の面白いものが出てくるとすぐにそちらに移っていく。一方で、「能動的 ｖｓ．受動的」に見られるように、こうした行動はデジタル・ネイティブが能動的に動きたいという欲求の現れでもある。逆に学校の授業のように受動的にならざるを得ないものに対しては非常に否定的である。若者のテレビ離れの一因はテレビの受動的な視聴スタイルにあるのかも知れない。

次々に移り変わるデジタル・ネイティブの行動はこれまで目の前の一つのことを順序立ててこなしていくことに慣れたデジタル・イミグランツからすると我慢が足りないものに見える。こうした見方は「報酬 ｖｓ．我慢」とも関連する。デジタル・イミグランツは我慢すればそれが将来自分のためになる、といった我慢の重要性を説くが、デジタル・ネイティブははっきりと目に見える報酬がなければ、言い換えると、我慢してまでそれを行う価値を見い出せなければ、モチベーションを保つことは難しいと考えている。それと関連して「プレイ ｖｓ．ワーク」という関係も見えてくる。すなわち、デジタル・イミグランツにとって仕事は仕事、あるいは勉強は勉強であり、遊びではないと考えているが、デジタル・ネイティブにとって仕事あるいは勉強にも「遊び」の要素がなければ楽しくない、と考えている。例えば、達成の度合いによってレベルが上がったり、報酬がある、あるいは現在の競争状況がグラフィックで分かる、交換できるポイント制があるなど、楽しいと思わせるゲーム的要素を仕事や課題解決、社会活動に取り入れる手法として近年、ゲーミフィケーションに注目が集まっているが、こうした流れもデジタル・ネイティブの要素が反映されたものだと考えられる。[6]

また、遊びの楽しさも一人で楽しむだけではなく、「モンハン（モンスターハンター）」や「怪盗ロワイヤル」などのようにみんなで楽しむものへと変わりつつある。例えば、2011年のライフネット生命保険の調査によると、400万本以上を売り上げたPSP版「モンスターハンターポータブル 3rd」体験者に「モンスターハンター」シリーズの魅力を聞いたところ、58・2%が「協力プレー」を挙げ、第1位となっている。[7]「ネットワーク vs. スタンドアローン」はそういったデジタル・ネイティブの志向を示している。ゲーム以外でも、ケータイ・メールやチャット、ブログや掲示板、mixi や Facebook, Twitter をはじめとするソーシャルメディアなどの同期性・非同期性の切り替えが柔軟かつ無料を基本とするメディア環境が普及することで、人とつながることのコストが急激に下がり、すぐに人に聞いたり協力したりすることが容易になった。デジタル・イミグランツからすると、すぐに人に聞くのは一人で解決する能力が落ちている証拠であると言うかも知れない。しかし、チームを組み、コラボレーションしながら課題を解決していく力はデジタル・ネイティブにとっては当たり前であり、お手のものである。

「ファンタジー vs. リアリティ」に見られるように、デジタル・ネイティブがゲームやインターネットにのめり込むと、デジタル・イミグランツからネットとリアルの区別がつかなくなる、という警戒がなされる。ゲームやインターネットへの批判として、このようにネットとリアルの混同を理由にするのはよく見られる。しかし、この「混同」には二種類あることには注意しなければならない。コンピュータグラフィックスの発達により、非常に精巧な作りの映像をゲームで楽しむことができるようになった。そのため、「現実のようなもの」がコンピュータやゲームで再現されているという意味での「混同」がある。ゲームをすることで現実世界にも暴力や残虐行為が誘発されるのではという疑念や、ゲームのようにリセットできると思ったという認識の違い、などはこのような「混同」から起こっていると言える。一方で、先程も述べたようなオンラインゲームやソーシャルゲームのグラフィックはむしろシンプルなものが多いが、そこにいるプレイヤーは「現実の人間」が操作しているもので、そういった意味で、そこで交わされる会話や振る舞いは「現実」であると言える。そのため「現実」がゲームを通して示されるという意味での「混同」もある。オンラインゲームにはまってしまった「ネトゲ廃人」やネットいじめなどはこのようなタイプの「混同」が起こしている問題だと言えるだろう。デジタル・イミグランツのネットとリアルの「混同」を理由にした批判をよく見てみると、この二つの「混同」をその場の状況に応じて都合よくミックスさせたものが多い。結局どうすれば良いのかを突き詰めて考えると、ゲームやインターネットをしない、ということになる。

このように見てくると、デジタル・ネイティブとデジタル・イミグランツの特徴の大部分は彼ら彼女が慣れ親しんだメディアの違いによって説明できる。つまり、デジタル・ネイティブの特徴はインターネット的、そしてデジタル・イミグランツの特徴は書物的なのである。「テクノロジーは友達 vs. テクノロジーは敵」に見られるように、デジタル・ネイティブにとってコンピュータやインターネットといったテクノロジーは気軽に遊ぶことができ、リラックスできる場所である。一方で、書物を中心とした出版・印刷文化に慣れ親しんでいるデジタル・イミグランツの中にも、デジタル・ネイティブ並みにテクノロジーを使うことがリラックスにつながる人もいるかも知れないが、大部分のデジタル・イミグランツにとって、コンピュータ、インターネットといったテクノロジーは目的のために使わなければならないツールであり、恐る恐る、あるいは嫌々ながら使うものなのである。

ヨーロッパからアメリカやアジアにやってきたキリスト教宣教師たちが「ネイティブ」たちに自分たちの信じているものがいかに素晴らしいかを「布教」しようとしたように、デジタル・イミグランツたちもデジタル・ネイティブに対して、あの手この手を使って、自分たちの文化が正統で、素晴らしいものであることを「布教」しようとしている。その中心となっているのは学校現場であるが、宣教師たる教師は自分たちが「ネイティブ」ではないことを自覚しないで、（学校という場では教師はそのように振る舞うことを求められがちであるが）「教えてあげる」という姿勢で「布教」しようとした結果、デジタル・ネイティブとの間に摩擦を生み出したり、非常に表面的にすぎない「布教」になったりしている光景はよく見られるものである。

世代論を超えて

ここまで見てきたように、デジタルメディアの登場によって、感覚や意識、認識、志向などがまったく異なる世代が登場した。そして、その差異はそれぞれ慣れ親しんできたメディア、すなわちデジタル・ネイティブはデジタルメディア、特にインターネット、デジタル・イミグランツは出版・印刷、特に書物に依拠していると言える。

しかし忘れがちなことだが、出版・印刷もかつては立派なテクノロジーであった。口承文化の時代からすると、15世紀のグーテンベルクによる活版印刷術は驚異的なテクノロジーであった。それまで手写しによって作られていたために少数しか出まわらなかった書物が、機械によって大量に出版されるようになり、社会に普及していき、そして出版・印刷が一つの文化となっていった。このようなプロセスは最初、大型汎用機であったコンピュータが、あるいは軍事・学術用に開発されたインターネットが、社会に普及していったプロセスと酷似している。そういった意味で、かつては出版・印刷（プリント）こそが新しいテクノロジーであり、そこにはプリント・ネイティブとプリント・イミグランツが存在していたのである。そして、現在のデジタル・イミグランツも、遡ればかつてのプリント・ネイティブだったのである。

このように新しいテクノロジーの登場によって人間の認識や志向が変容するという主張は、W・J・オングによる声の文化から文字の文化になった時の変化（『声の文化と文字の文化』（桜井直文他訳、藤原書店、1991）等参照）やM・マクルーハンによるテレビのインパクト（『メディア論』（栗原裕他訳、みすず書房、1987）等参照）など、これまで続いていきたメディア論の21世紀バージョンであると言える。これらの議論は新しいテクノロジーが人間を変えるという技術決定論的に過ぎないという批判もある。確かに新しいテクノロジーが一方的に私たちに影響を与えるという見方はテクノロジーのインパクトとして分かりやすいが、旧世代に対しては一種の「テクノフォビア（技術恐怖症）」を与えることもある。スマートフォンやソーシャルメディアを使いこなす若者に違和感を感じるのは、このような「テクノフォビア」を若者に投影させている結果なのである。しかし、テクノロジーを作り出し、利用するのが人間である以上、テクノロジーも人間の影響を受けて変容していく。例えば、Facebookは私たちの認識や志向を変えたかも知れない。そもそもそれを生み出したザッカーバーグ自身もデジタル・ネイティブであったが、彼にしてもFacebookが世界中の人々をつなげ、あるいはFacebookで企業や有名人がファンページをつくるといった使い方は当初予想していなかったかも知れない。こういった使われ方には、Facebookが広がっていくにつれて、利用者側が新しい使い方を模索し、またFacebook側もそれに応えるような機能を付け足していくという双方向的な働きかけがあったのである。そういった意味で、新たなテクノロジーが社会に普及し、私たちが日常的に使っていく中でテクノロジーと人間の認識や志向そのものが双方向的に影響を与えながら変化していくプロセスが重要となってくるのである。このように、メディアをテクノロジーの発展の産物としてではなく、人間や社会とテクノロジーとの相互作用的な関係の中で捉えていく視点をメディア学者の水越伸は「ソシオ・メディア論」と名付けた。[8] デジタル・ネイティブとデジタル・イミグランツという構図についても単なる世代論を超えて、メディアと社会、人間との相互作用の結果としてソシオ・メディア論から捉えることが有効であろう。

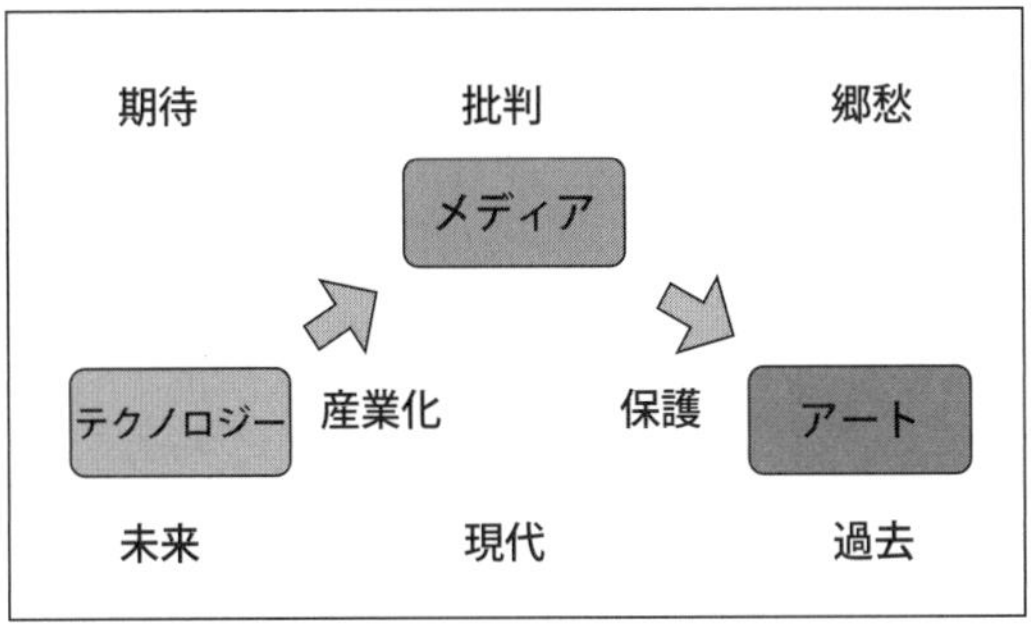

1-02　メディアの位置付けの変化

テクノロジー、メディアそしてアートへ

ここでメディアの位置付けの変化について、整理しておこう（1―02参照）。まずテクノロジーは試行錯誤を重ねながら生み出され、社会に登場する。新しいがゆえに、そこにはさまざまな可能性を秘められていると人々は考え、明るい未来を見出す。このようにテクノロジーという言葉自身に私たちは何か「新しい」、「明るい未来」を見出している。しかし、そのテクノロジーが社会に普及していくにつれて、実際に多くの人がさまざまな形で使い出すと、思ってもみなかった方向にテクノロジーが発展していくこともあるし、問題が起こることもある。また、日常的に使われるようになり、そのテクノロジーを前提とした生活や仕事になってくると、それまでの規範やルールとの摩擦が起こり、テクノロジーそのもの、そしてそれを使用する人々（多くの場合、若者）に対する批判が起こる。このようにテクノロジーが日常的になり、それまでの社会や生活に広く深く浸透し、相互に関係するようになってくると、テクノロジーはメディアになったと言える。メディアは一般的なコミュニケーションのツール、エンターテイメントとして娯楽を提供するなど日常的に利用されるようになり、利用者にとっては親しみがあるものになる。更に言うと、テクノロジーからメディアになっていく段階で、それに関連するさまざまなビジネスが生まれ、一つの産業となっていく。

しかし一方で、また新たなテクノロジーが発展し、新たなメディアになると、それまでのメディアはあの頃は良かったという郷愁のためのツール、あるいは人間らしさ、さらには芸術性を見出す対象となり、場合によってはその存在を残していくために保護されるようになる。この段階になるとメディアはすでにアートになっていると言える。

こうしたテクノロジーからメディア、アートとなっていく一連のプロセスを、ケータイを例にして見てみよう。ケータイも新しいテクノロジーとして登場した時は、それが普及すると人々はいつでもどこでも電話をかけて話すことができる明るい未来を提示した。ケータイは当初、ビジネスマンが仕事用に使うことが想定されていたが、普及するにつれて女子大生、女子高生を中心に当時流行していたポケベル、ＰＨＳからの乗り換えユーザーも集めていった。こうした流れは絵文字や顔文字などを駆使するケータイでのメール・コミュニケーションという文化を生み出した。このようにケータイが普及してメディアになると、ケータイでの通話は電車やバスの中など公共の場では静かにするという日本社会におけるコミュニケーションの規範を乱し、周りの迷惑になるという批判が見られるようになった。またケータイ・メールに関しても、ＰＣのメールとは異なり、自分を名乗らない、件名がない、など従来のメール・マナーが乱されているという批判も出てくるようになった。一方で、ケータイはそのコミュニケーションだけではなく、ストラップやシール、デコレーションなどケータイそのものを装飾するのも当たり前となり、そこにまた一つの文化、またそれに関連するビジネスも生まれた。１９９９年にｉモードが登場して以降、ケータイはインターネットとの結び付きを強め、ケータイ関連のビジネスはより広く、大きな産業となっていった。

現在はスマートフォンが登場し、普及しつつあるが、それらも含めるとケータイはアートになる段階にはまだ来ていない。ケータイで通話していた頃が懐かしい、ケータイ・メールが来なくてそわそわした頃があったな、といった思い出話ができるようになり、今と比べてケータイを使っていた時の方が人間らしく、気持ちが伝わっていたと思えるようになった時、ケータイは郷愁の対象となり、アートとなるのである。

2 デジタル・ネイティブとテレビ

２０１１年、厚生労働省が発表した「全国家庭児童調査」によると、一日のうちテレビやＤＶＤを「ほとんど見ない」と答えた若者は2・6％（２００４年）から6・6％（２００９年）と増加した。この「ほとんど見ない」若者たちを学年別で見ると、小学校５、６年生の３％、中学生5・4％、高校生などの10・５％となっており、学年が上がるにつれて数字が増えていることが分かる。逆に３時間以上見ているのは29・２％（２００４年）から25・２％（２００９年）と減少し、こちらも学年別に見ると、小学校５、６年生では32・４％、中学生では28・８％、高校生では17・１％と、学年が上がるにつれて数字が減っている。つまり、若者はテレビをあまり見なくなっており、それは学年が上がるにつれて顕著になっているのだ。

テレビは裸の王様？

デジタル・ネイティブがインターネットやゲームなどのデジタルメディアに夢中となっていることに一番頭を悩ましているメディアはテレビだろう。日本においてテレビは戦後に普及してから現在に至るまで長くマスメディアの中心的な存在であった。しかし、近年になって「若者のテレビ離れ」が指摘されているように、デジタル・ネイティブを中心にその地位の低下が指摘されるようになった。

例えば、ＮＨＫ放送文化研究所が行った調査に基づく『２０１０年国民生活時間調査報告書』では、平日における60代のテレビ行為者率は男性が93％、女性が96％であったのに対し、20代は男性で78％、女性で78％であった。またテレビを見ない人も含めた平均視聴時間も60代男性で４時間29分、女性で４時間39分であるのに対して20代男性で１時間54分、女性で２時間33分であった。[9] 前述したようにデジタル・ネイティブである20代はテレビだけではなく、ビデオゲーム、ケータイ、インターネットなどさまざまなメディアに囲まれて育ってきた世代である。メディアへの接触が多様化していく中で24時間という時間が変わらない以上、テレビの地位も相対化していくことは自然の流れとも言える。

２０１０年にアメリカで行われたArbitron Inc.とEdison Media Researchの調査によるとテレビとインターネットのどちらかを捨てなければならないとき49％が「テレビを捨てる」と

回答し、「インターネットを捨てる」の48％を上回った。2001年の調査では同じ質問に対する回答がテレビとインターネットでそれぞれ26％と72％と圧倒的にテレビが優勢であったが、2010年の調査では僅差ながらもはじめてインターネットがテレビを上回る結果となった。また、テレビよりインターネットを選ぶ傾向は12歳から44歳までの比較的若い層で顕著であった。[10]

しかし、このことはデジタル・ネイティブが番組という映像コンテンツを見なくなったということではなく、これまでテレビでしか提供されてこなかった番組という映像コンテンツがケータイやインターネットを通してPCなど他のメディアにおいても視聴することが可能になったという視聴スタイルの多様化を示しているとも言える。[11] 2010年にIBMが実施した"Digital Media Consumer Study"（2007年、2009年と実施、2010年は3回目。オーストラリア、ドイツ、日本、イギリス、アメリカから3000人以上を対象にした調査）では、18〜21歳の年齢層で半分近くがオンラインでのビデオ視聴の方がリアルタイムでのテレビ視聴時間よりも上回っているという調査結果が出た。[12] また、広告会社ニールセンが2010年に発表したアメリカ人のオンラインにおける行動調査では、時間ベースでSocial Networksが22・7％、Online Gameが10・2％、E-mailが8・3％であり、Video/Moviesは時間シェアでは3・9％にとどまっている。2009年の調査との増減比較で見ると、Videos/Moviesの増加率は

12％であり、Social Networks の43％に次ぐ高い伸び率を示している。[13] これらのことからも分かるようにインターネットを介してテレビ以外で番組という映像コンテンツを見る、というスタイルは徐々にではあるがデジタル・ネイティブを中心に浸透してきていると言えるだろう。

それではデジタル・ネイティブは具体的にはどのような手段やサービスを用いて映像コンテンツを見ているのだろうか。テレビ以外で映像コンテンツを見る手段として「Yahoo! 動画」や「Gyao」などの動画配信サイトや「YouTube」や「ニコニコ動画」[14] などの動画投稿サイトがあり、またアメリカでは「Hulu」のようにテレビ局自身がインターネットを介してテレビ番組を配信・視聴できる環境を整えつつある。「Hulu」は２０１１年には日本にも上陸し注目を集めている。[15] また近年ではケータイ、スマートフォンなどモバイル端末向けの動画配信サイトも多様になってきた。従来のワンセグに加え、２００９年にはＮＴＴドコモの展開する「Bee TV」、２０１２年にはスマートフォン向けサービス「NOTTV」が開始された。さらにＰＳＰでロケーションフリーを利用したり、ＤＶＤレコーダーなどで録画したものを見たりなどのさまざまな選択肢が存在する。

こうした状況を受け、これまでメディア消費において大部分を占めていたテレビはデジタル・ネイティブにどのように見られているのか、という視点からテレビというメディアを相対的に捉え直す調査が日本でも徐々に行われるようになった。ＢＰＯ（放送倫理・番組向上機構）

は２００８年から２００９年にかけて「〝デジタルネイティブ〟はテレビをどう見ているか？～番組視聴実態３００人調査」を行い、ｗｅｂ上でもその結果を公開している。[16] 調査によると動画配信サイトを月に一回以上利用するのは全体の３分の１にとどまっている一方で、動画投稿サイトは全体の３分の2、また「YouTube」がそのうちの59・０％を占め（社会人48・０％、高校生62・３％、大学生67・４％）、「ニコニコ動画」は26・１・％で2位（社会人21・６％、高校生23・７％、大学生34・８％）で３位以下のサービスを圧倒的に引き離している。[17] また動画投稿サイトでの動画視聴のうちテレビ関連動画の比率を50％以上とした人は46・３％であり、そのうちの38・９％が「シリーズ番組の見逃した回を見る」と回答している。[18] またワンセグについてはワンセグ放送を受信できる機器を持っている率が全体の49・８％、さらにそのうちの51％が「数ヶ月に一度、ほとんど視聴しない」を占めており、「ほぼ毎日、週に数回」と回答したのは高校生で10・５％、大学生で26・９％、社会人で33・３％にとどまっている。[19]

また、より直近に行われたリクルートによる「高校生のＷＥＢ利用状況の実態把握調査」（２０１１）では、「ほぼ毎日見る」と「週に2～3日以上見る」とを合わせると、「ニコニコ動画」は71・９％（39・１％＋32・８％）、以下「YouTube」75％（32・６％＋42・４％）、「Ustream」38・５％（19・３％＋19・２％）、「GyaO!」39・５％（15・４％＋24・１％）とあるように、先ほどのＢＰＯの調査よりも高い数字が出ている。

これらのことから日本のデジタル・ネイティブの動画視聴スタイルは「YouTube」や「ニコニコ動画」といった動画投稿サイトで、テレビ関連動画を視聴するというスタイルが中心であることが分かる。そういった意味で、テレビというメディアがインターネットに取って代わられたという見方は早計であろう。テレビというメディアを、テレビ番組を映すハードとしてのテレビと、コンテンツとしてのテレビ番組とを分けて考えた場合、コンテンツとしてのテレビ番組は依然、多く消費されていると言えるからである。すなわち、デジタル・ネイティブはテレビ自体を見なくなったとは言え、テレビ関連動画を視聴していることから、コンテンツとしてのテレビ番組はまだまだ見られていると言える。

デジタル・ネイティブはテレビをどう「見て」いるか?

先ほど、デジタル・ネイティブの特徴として「ながら行動」を挙げた。デジタル・ネイティブはメールをしたり、ネットを見たりしながらテレビを見ていることが多い。また、一人暮らしだと部屋に音がないと寂しいから「とりあえず」テレビをつけていることも多い。もちろん、オトナ世代でも家事など他のことをしながらテレビを見るという「ながら視聴」はあったが、デジタル・ネイティブたちはより「ながら視聴」が当たり前となっている世代である。

それではデジタル・ネイティブはテレビをどれくらい「見て」いるのだろうか、あるいは「つ

表１. 動画視聴時間（平日）　単位：分

<table>
<tr><td>テレビのついている時間</td><td>85.9</td><td rowspan="2">計149.1</td><td>—</td></tr>
<tr><td>テレビを見ている時間</td><td>63.2</td><td rowspan="2">計143.8</td></tr>
<tr><td>リアルタイム以外に動画を見ている時間</td><td>80.6</td><td>—</td></tr>
</table>

表２. 動画視聴時間（休日）　単位：分

<table>
<tr><td>テレビのついている時間</td><td>127.8</td><td rowspan="2">計210.1</td><td>—</td></tr>
<tr><td>テレビを見ている時間</td><td>82.3</td><td rowspan="2">計207.9</td></tr>
<tr><td>リアルタイム以外に動画を見ている時間</td><td>125.6</td><td>—</td></tr>
</table>

1-03　デジタル・ネイティブの動画視聴時間（2010 年筆者アンケートより作成）

けて」いるのだろうか。筆者は２０１０年５月に授業を受け持つ首都圏、中京圏の大学において無記名アンケート調査を実施した。回答者数は２５６名で男性47名、女性２０９名と性別に偏りがあるが全体的な傾向をつかむには十分であると考える。

　まずテレビについて「ながら視聴」と「専念視聴」とを、またテレビ以外での動画視聴とを区分するために番組を見ているわけではないがテレビのついている時間を「テレビのついている時間」、テレビで放送されている番組をリアルタイムで視聴している時間を「テレビを見ている時間」、またリアルタイムでのテレビ視聴以外に動画投稿サイトあるいは録画したものを視聴するなどの時間を「リアルタイム以外に動画を見ている時間」と三種類に分類し、平日・休日におけるそれぞれの時間（分）を回答してもらった結果が1―03である。

結果を見てみると、平日では「テレビのついている時間」は85・9分、「テレビを見ている時間」は63・2分であり、それらを合計すると149・1分となった。すなわち、視聴率にカウントされるという意味でのテレビ視聴時間は149・1分であった。また、休日では「テレビのついている時間」は127・8分、「テレビを見ている時間」は82・3分であり、合計すると210・1分となった。そのうち実際に番組を見ている時間、すなわち全時間のうち「テレビを見ている時間」の割合を出すと平日で42・9％、休日で39・2％であり、ここからテレビ視聴において「ながら視聴」の多さが分かる。

これらの数字を先ほど見た調査と比較してみよう。BPO調査では16～24歳におけるテレビ視聴時間は平日136分、休日178分であった。また『2010年国民生活時間調査報告書』ではテレビの行為者率と平日の全員平均時間は20代男性でそれぞれ78％と114分、20代女性でそれぞれ78％と153分であった。休日に関しては、土曜日は男性でそれぞれ69％と163分、女性でそれぞれ80％と153分であった。日曜日は男性でそれぞれ69％と175分、女性で77％と171分であった。本調査の結果は平日ではほぼ同様の時間であったが、休日においては30～60分上回っている。

これに「リアルタイム以外に動画を見ている時間」を加えて考えてみよう。「リアルタイム以外に動画を見ている時間」はＤＶＤや「ニコニコ動画」や「You Tube」などの動画投稿サイトなどで映像コンテンツを見ている時間であり、これらはおおよそ「専念視聴」と考えることができる。平日において「リアルタイム以外に動画を見ている時間」である80・6分と「テレビを見ている時間」である63・2分と合計すると143・8分となり、前述したテレビ視聴の合計時間である149・1分にほぼ相当する時間数になった。つまり「ながら視聴」の時間であると言える「テレビのついている時間」とテレビ以外での動画視聴時間がほぼ同じ時間になっている。休日では「テレビのついている時間」が127・8分であるのに対して「テレビを見ている時間」が82・3分、「リアルタイム以外に動画を見ている時間」が125・6分であり、合計すると207・9分となった。休日は平日と比べ全体的な時間数は増加しているが傾向としてはほぼ同じであった。

以上で見てきたことをまとめると、デジタル・ネイティブは「ハードとしてのテレビ」にはそれほど関心がない。それは実際に「見ている」時間よりも、「ついている」だけの時間のほうが長いことからも示される。しかし、一方でテレビ以外で動画を見る時間は決して短くはない。それまでテレビを見ていた時間は、「ニコニコ動画」や「You Tube」などテレビ以外の手段で、音楽のＰＶやテレビの関連動画など「コンテンツとしてのテレビ」を見る時間に変わっているだけだと言える。リアルタイムでテレビを見るという意味での「若者のテレビ離れ」は先にも述べたように、テレビというメディアのコンテンツの見せ方がデジタル・ネイティブのスピード感、同時並行といった志向にマッチしていないことも要因として挙げられるだろう。

3　コミュニケーションの変容

２０１１年12月、日本テレビ系列の金曜ロードショーで宮崎駿監督の『天空の城ラピュタ』が放送された。作品の終盤に主人公たちが「バルス」という呪文を唱えるシーンがある。そのシーンに合わせてTwitter上でも「バルス」と書きこもうと、ネットを中心に盛り上がっていた。結果、一秒間における世界中のツイート投稿数が2万５０８８にも達し、それまでのビヨンセの妊娠（８８６８ツイート）を塗り替え、新記録を達成した。一見、こうした行為はバカバカしいかも知れないが、バカバカしいからこそ楽しく、そして楽しいからこそ多くの人が気軽な気持ちで応える。２０１１年はこうしたコミュニケーションの結集によって社会全体が揺さぶられたり、動いたりしたのを多くの人が世界中で目の当たりにした年だった。

コミュニケーションの「閾値」の低下

これまでのメディア、特に一対一のコミュニケーションを媒体するパーソナル・メディアの発展は、人間の持つコミュニケーションへの欲求に応えてきた歴史と言えるだろう。声の届く範囲でしかコミュニケーションが取れなかった人間は古来、石版や伝言などさまざまなメディアを生み出し、使うことでコミュニケーションの制限を超えようとしてきた。例えば、石版は後にも残る形、つまり時間を越えて残すには有効であった。ただし、簡単に持ち運べないため空間を越えるコミュニケーションは難しい。伝言は声が届く範囲以上での声のコミュニケーションを可能にした。ただし、人や馬が移動するよりも早くは伝えられないし、後に残すと言う意味でも難しい。他にも狼煙は空間を越え、なおかつ速報性もあったが、伝えられるメッセージとそれが届く範囲には限界があった。コミュニケーション（Communication）がいわゆる情報伝達だけではなく、「移動」も意味するのはこうした情報を運ぶためには厳然とした物理的な制限が意識されていたことを示している。

現代、私たちが離れたところにいる人とコミュニケーションを取るメディアとしてすぐに思いつくのは手紙や電話などであろう。例えば、手紙（と郵便制度の整備）は遠くにいる人とのコミュニケーションを手軽にした。ただし、それは目の前で話すのと同じ速度でメッセージが届くというわけではないし、伝える表現も文字や絵に限られている。手紙に見られるような文字によるコミュニケーションは他にも電報やＰＣメール、ポケベル、ＦＡＸといったメディアに発展していくことで、相手にメッセージが届くまでの時間を短縮していった。電話の登場は手紙とはまた異なり、まるで隣にいて話しかけるように直接声でのコミュニケーションを可能にした。しかし、電話の登場初期は高価で、村に一台というように、利用できる空間の制限がつきまとっていた。その後、公衆電話が広がり、また家庭に一台、さらには子機の登場によって部屋に一台置かれ、コードレス化によって受話器を持ち運べるようになるなど、電話というメディアは空間の制限から徐々に解放されていった。[20] こうした電話の利用できる空間からの制限をほぼ取り払ったのがケータイだと言えるだろう。ケータイは電話を文字通り持ち運ぶことを可能にし、いつでも、どこでも電話をすることを可能にした。それだけではなく、ケータイでのメールはそれまでの電報やＰＣからのメール、ＦＡＸ、ポケベルなどの代替手段にもなった。そういった意味で、ケータイはそれまでの手紙などの文字コミュニケーションや電話などの声のコミュニケーションを統合したパーソナル・メディアだと言うことができる。[21]

ケータイの登場によって、人間のコミュニケーションへの欲求がかなりの程度満たされた結果、私たちはいつでも、どこでもと言えるほどの密度でコミュニケーションが取れるようになった。しかし、その結果、私たちが直面したのはコミュニケーションの「閾値」の低下であった。「閾値」とは反応が起こるために必要な刺激の最小値のことである。つまり、コミュニケーションの「閾値」とは、誰かとコミュニケーションを取ろうとする刺激の最小値のことになる。特にケータイ・メールの普及は私たちのコミュニケーションの「閾値」を大幅に引き下げた。例えば、「おはよう」といった挨拶や「元気?」、「今どこ?」といった他愛もない問いかけなど「わざわざ」手紙で書く、あるいは電話で話すほどのことではないことを私たちはケータイ・メールで送り合うようになった。逆に言えば、こうした内容を気軽にケータイ・メールで送りあえるようになったからこそ、手紙や電話は「わざわざ」書いて送ったり、かけたりするものになったとも言えるのである。

Twitterは「昼飯なう」などのようにどうでもよいつぶやきが多くてけしからん、という批判をよく見かけるが、こうした批判も新たなメディアが登場し、コミュニケーションの「閾値」が下がったことに起因していると言えるだろう。Twitterでの他愛もないコミュニケーションは若者のメンタリティが変化したと言うよりも、メディアの発展によってコミュニケーションの「閾値」が下がったことで、ささいなことでも発信できるようになったことが大きい。逆にオトナ達が生きてきた時代は気軽にコミュニケーションを取るためのメディア環境が整っていなかっただけで、整っていれば他愛のないメッセージの交換やつぶやきがあふれていたかも知れないのである。また、こうしたコミュニケーションの「閾値」の低下は、メディアの発展に加えて無料通話やパケ放題などにより、コミュニケーション一つ一つの「コスト」が意識されなくなったことにもよる点は押さえておきたい。

5分が待てないコミュニケーションの「圧力」の高まりとそれを待つ不安

コミュニケーションの「閾値」が下がり、いつでも、どこでもコミュニケーションが取れるようになったことで、私たちはコミュニケーションの飽和状態に陥った。しかし、考えてみると、コミュニケーションはメッセージを送る相手がいて初めて成立するし、その相手からの返信こそが重要であったりする。そもそも、それこそがコミュニケーションを行いたいという欲求の根源にあると言っていいのかも知れない。そのため、私たちはコミュニケーションの自由さを手に入れた一方で、相手へのコミュニケーションの「圧力」を高める結果となった。つまり、いつでも、どこでもコミュニケーションを取ることができる「はず」なのだから、自分が送ったメッセージに返信できないのはおかしいと思い始めたのである。また逆に、相手から送られてきたメッセージには返信しなければならないという圧力も感じるようになった。

２００７年に携帯コミュニティーサイト「GAMOW」で、朝日新聞、バンダイネットワークスなどが中高生を対象に行った調査によると、友人から来たケータイ・メールに何分以内に返信するのがマナーだと思うか、という項目に対して、「即答」が37%、「5分以内」が18%、「10分以内」が18%と10分以内に返すのがマナーだと考えている割合が70%を超していることが分かった。[22] 確かにケータイ・メールを送った側からすると、そもそも電波が届いていないとか、電源を入れていない、という状況は現代の日本、特に中高生では考えにくいし、相手がどこにいようが、何をしていようが、返信できないほど忙しいというシチュエーションもあまり考えられないのかも知れない。しかし、こうした結果を見てみると、ケータイ・メールのよいところの一つは通話と違って、すぐに応答しなくてもよいというところにあったはずであるが、すぐに返さなくてもよいからこそ、逆説的に早く返すことに価値を見出しているとも言える。

このようにコミュニケーションの圧力を受け手が感じる一方で、送り手には、返信が来るのだろうか、という不安が広がっている。ケータイにおいても返信欲しさにいろいろな人へメールを送ることは珍しいことではない。またパーソナル・メディアではないが、mixi が普及していった結果、「mixi 疲れ」という言葉も登場した。[23]「日記を書いてから5分以上レスがつかないとそわそわします。病気かもしれません」というように、mixi で自分が書いた日記に対して mixi でつながっている他のユーザーからの反応がないと不安になってしまう「mixi 依存症」とも言えるユーザーが登場した。本来、日記は人に見せるものではないという意見もあるかも知れないが、他の人からのコメントがあると自己を承認してもらったという認知欲求が満たされる。その結果、コメント欲しさに日記を書くという、本来とは逆転した行為となってしまっているのである。

“The medium is the Message”から“The communication is the Message”の時代へ

情報を伝達したり、共有したりするなど何らかの目的があって行われるコミュニケーションは「インストゥルメンタル（道具的）」なコミュニケーションと呼ばれる。[24] 例えば、何時にどこで待ち合わせをするかといった調整や、スーパーで牛乳を買ってきて欲しい、といった用件のあるコミュニケーションである。一方、情報や用件の伝達というよりも、メッセージ交換という行為それ自体が目的となっているコミュニケーションは「コンサマトリー（自己目的）」なコミュニケーションと呼ばれる。例えば、特に用件があるわけでもなく延々と話し続ける恋人や友人同士の深夜の長電話などは「コンサマトリー」なコミュニケーションと言えるだろう。

こうした「コンサマトリー」なコミュニケーションに関する議論が盛り上がり始めたのは、ケータイ・メールの普及していった頃であった。もちろん、その理由としてはこれまでに述べたように、ケータイが普及していくに従って、コミュニケーションの「閾値」が下がり、それに伴ってコミュニケーションの圧力や不安が高まったという背景があるが、さらに一つ指摘しておきたい要因として、コミュニケーションの「可視化」がある。コミュニケーションの可視化とは、単に文字や画像のように、コミュニケーションの中身が眼に見えるようになっているということではない。例えば、ケータイのアドレス帳に「何人」登録されているかから始まり、メールで相手と「何通」往復できた、「何人」からのメール返信が来た、さらには通話が「いつ」かかってきて「何分」くらい話したか、などその人のコミュニケーションに関するさまざまな要素が数値化されていることを指している。ケータイはこうしたコミュニケーションに関する可視化・数値化を推し進めた。先ほど見た「mixi依存症」の例も、自分の日記に友人からのコメントがいつ、どれくらいついているかが可視化されていることで不安を引き起こしているとも言える。

かつてM・マクルーハンは1960年代テレビが登場してきた時代に、〝The Medium is the Message（メディアはメッセージ）〟と唱え、それまでメッセージの「乗り物」に過ぎないと思われていたメディアこそがむしろメッセージ性を持つことを指摘し、メッセージの中身が重要であるという従来の視点から転換した分野としてメディア論を切り拓いた。確かにコミュニケーションにおいてメッセージの中身自体が重要であるという主張は、人に置き換えると見栄えや外見ではなく中身がしっかりしてないといけない、という話と同様に何となく実感しやすい話かも知れない。しかし、私たちは見栄えや外見によって、その人の印象を決めてしまいがちであるのと同様、そのメッセージがどのようなメディアで伝達されるのかも重要である、というのがマクルーハンの指摘であった。例えば、異性から「付き合ってください」というメッセージを受け取る時に、同じメッセージでも直接会って言われるのと、電話、ケータイ・

メール、ネットの掲示板などで伝えられるのとでは受け取る印象が異なってくる。つまり、同じメッセージでもどのメディアで送るか、そして受け取るかによって伝わるメッセージは違ってくるのである。

それから約半世紀経って、ここで見てきたような「コンサマトリー」なコミュニケーションの広がりを見ていると、20世紀がマクルーハンの〝The Medium is the Message〟の時代だとするなら、21世紀はコミュニケーションの可視化が進み、コミュニケーションそのものがメッセージ性を持ち、重視される〝The communication is the Message（コミュニケーションはメッセージ）〟の時代とも言えるだろう。

4 「リアルな動き」につながるコミュニケーション

２０１１年春頃から、南米チリでは大統領に対して教育予算の増額など、教育政策の改革を迫るデモが頻発するようになっている。デモへの参加者は学生や教職員など合わせて20万人とも40万人とも言われている。こうしたデモ活動における中心人物がカミラ・バジェホ（Camila Vallejo）である。大学の学生連合のリーダーである彼女の人気はチリ国内では大統領を凌ぐほどであり、Time 誌が選ぶ２０１１年の重要人物にも入っている。デモの大規模化と彼女の人気は世界的にも大きな話題となっているが、その背景にはソーシャルメディアがある。学生デモの情報交換や連絡手段として Facebook や Twitter などのソーシャルメディアが活用されている。例えば、カミラ・バジェホの Twitter アカウントには40万人ものフォロワーがいる。このように、ソーシャルメディアはそれまで現実世界と切り離されてきたもう一つの世界＝ネットというイメージから、実際に社会的な動きを胚胎するものとなっている。

ソーシャルメディアが社会を変える

ここまでは生まれた時からコンピュータ、インターネットに囲まれながら育ってきたデジタル・ネイティブとメディアとの関係、そして彼ら彼女らのコミュニケーションを見てきた。ここではデジタル・ネイティブたちのコミュニケーションを考える上で、個別のコミュニケーションだけではなく、友人や仲間といった集団の中でのコミュニケーションとソーシャルメディアとの関連、そしてそれがネットだけに閉じたものではなく、現実の社会にも影響しているというところに目を向けていきたい。

2010年冬、チュニジアでは20年以上続いたベン・アリの独裁政権が反政府デモによって崩壊した。その背景として、チュニジアでは長い間、若者たちが仕事につけず、政府に対する不満が鬱積していたことがある。そうした状況の中で、若者の警察への抗議を表明した焼身自殺に端を発した反政府デモは瞬く間に全土へと広がって、政権を崩壊させるだけの規模になっていった。こうした独裁政権に対する民主化運動はチュニジアの国花ジャスミンにちなんで「ジャスミン革命」と呼ばれたが、こうした動きは、チュニジア内に留まらず他のアラブ諸国へも飛び火し、リビアのカダフィ政権、エジプトのムバラク政権など長期間続いた独裁政権を次々と揺さぶり、崩壊させていった。これら一連の動きは総称して「アラブの春」と呼ばれる。「アラブの春」においてソーシャルメディアが重要な役割を果たしたことから、一連の政権崩壊はFacebook革命、あるいはネット革命とも呼ばれている。確かに、Facebookだけでなく、従来のチラシや口コミなども用いられていたとも言われている。[25] しかし、若者を中心に、情報の発信、共有にFacebookを活用していったことが、民衆たちの連帯と参加を支え、また海外の注目を集めたという意味では革命の成功に影響したと言えるだろう。

政権が崩壊した諸国では、新聞やテレビなどのマスメディアが政府によって厳しく検閲・規制されていたが、インターネットを経由するソーシャルメディアは検閲・規制の目をくぐり、政府に反対する人々の情報交換、共有、連帯を可能にした。例えば、チュニジアではインターネット、ケータイの普及率が他のアラブ諸国よりも高かったという事実がある。若者たちはTwitterやFacebookによってデモの呼びかけや組織づくりなどを進め、またデモの様子を、すぐさまケータイでYou Tubeなどにアップロードし、多くの人が共有するのを可能にした。[26]

塵も積もれば社会参加

日本では２０１１年3月11日、東日本大震災が発生した。未曾有の大震災は地震だけではなく、津波による被害、さらには原子力発電所の損傷による放射能汚染なども同時発生的に起こり、東北地方だけではなく、日本全国が大混乱となった。この東日本大震災において、ソーシャルメディアは重要な情報インフラとして活用された。[27]

例えば、避難所がどのような状況にあるか、どのような救援物資が不足しているか、家族・知人の安否、などマスメディアが伝えきれない現地の細かな情報を伝え、広めるのにソーシャルメディアは大きな力を発揮した。また、Twitter, Facebook, はてなブックマークといったインターネット上の各サービスで共有された消息情報や電力消費、停電情報など二次災害に関わる情報をまとめた「東日本大震災復興関連情報まとめサイト」も登場した。2011年4月にMMD研究所が行った調査によると、Twitter 利用者の63・9%、Facebook 利用者の34・7%、mixi 利用者の26・0%が情報収集に役立ったと回答している。NHK放送文化研究所の調査でも3月11日の地震発生から一時間以内に東京だけで毎分1200件以上の Twitter からの投稿があったことが指摘されている。[28]

東日本大震災では、ソーシャルメディアがこうした情報伝達・交換に役立っただけではなく、ソーシャルメディア上での呼びかけが実際の行動、救援活動に結びついたことも特徴的であった。例えば、地震発生直後、原子力発電所の損傷のため首都圏でも節電を余儀なくされた状況に対し、Twitter 上で節電への呼びかけが広がった。節電を呼びかけるこうした動きはアニメ「新世紀エヴァンゲリオン」に登場する、敵を倒すための長距離砲を充電するために日本中から電力を集める際に命名された作戦名になぞらえて、「ヤシマ作戦」と呼ばれた。またボランティアや募金の呼びかけなどもさまざまな企業、団体からソーシャルメディアを通して積極的に行われ、実際に多くの人たちがボランティアとして東北地方へ出向いたり、多くの募金が集まったりしている。一方で、こうしたさまざまな情報を統合する動きも登場した。「東日本大震災(東北地方太平洋沖地震)『災害ボランティア情報』まとめサイト」は集中したり、見落とされがちなボランティア情報を統合・整理して、提供し、さまざまな形でのボランティアへの参加を促した。

こうした中で注目されたのが若者たちの社会参加への意識の高さであった。震災後、ボランティアへの参加を授業の一部として認める大学もあり、多くの大学生が東北へ向かった。またそうした措置がなくとも、多くの若者がボランティアに参加した。ボランティアは自分の食料や寝るところを確保した上で参加しなければならないことが基本となるにも関わらずである。

しかし、こうした若者の社会参加はボランティアや募金に限った話ではない。例えば、震災後、反原発デモが繰り返されたが、そこにも多くの若者が参加した。このような若者の社会参加への意識の高さについて、社会学者の鈴木謙介は『SQ Social Quotient 〝かかわり〟の知能指数』(ディスカバー・トゥエンティワン、2011)で、①他者への貢献、②広範囲で協力、③モノより心、④次世代志向、をキーワードとし「他者とのかかわりを求め、協力し合う」ことを重視するSQ(かかわりの価値基準)を提唱し、震災以降に見られた若者の価値観の変容を指摘した。

こうした若者の社会参加は、ソーシャルメディアによる拡散と統合、リアルとネットとの一体化などに支えられていた。Twitter や Facebook などのソーシャルメディアで、どこで、何が求められているか、という情報がリツイート機能によって短期間で広範囲に拡散できるのと同時に、「東日本大震災（東北地方太平洋沖地震）『災害ボランティア情報』まとめサイト」などで統合されるなど、情報の拡散と統合が同時になされた。これまでボランティアやチャリティーの呼びかけなどを通じて社会参加したかったとしても、どのようなことが求められているのか、またどのように参加すればいいのか、といった情報は簡単に見つけられなかったが、こうした情報の拡散と統合によってかなり参加しやすくなった。

拡散と統合は情報だけではない。例えば、震災復興への寄付を海外からも募るため、寄付を呼びかける日本語サイトを英語に訳すには、いくら英語に堪能でも一人では時間がかかる。ところが、ソーシャルメディアで協力を呼びかけると、何人もが分担を申し出てあっという間に英訳サイトをオープンできたという事例もあった。つまり、ソーシャルメディアは情報だけではなく、みんなができることを分担し、それを統合することで大きな力を発揮するといった活動の拡散と統合も可能にしたのである。

先にも「ヤシマ作戦」を紹介したが、そこに見られるように、ネット上で節電を呼びかけること、節電のために実際に何かをすることの区別は意識の上ではほとんどない。また、工場での電力消費を削減するためにデモをするといった「大それた」ことではなく、家の電気を消すといった日常の「ちょっとした」ことでもそれが結集されれば節電に参加したことになる。若者たちに見られたこうした傾向は、TwitterやFacebookといったソーシャルメディアの登場と普及によって、それまでリアルとネットというように二項対立的に独立していた時代から、互いが互いに埋めこまれ、その境界が意味をなさなくなる時代になりつつあることを示している[29]。

これまで、ボランティアなどは「一人」で、「ちょっとやってみる」という形での参加が難しくもあった。しかし、ここまで述べたように、ソーシャルメディアによる情報の拡散と統合、リアルとネットの一体化によって社会参加へのハードルが下がったことで、より多くの人が参加できるようになり、また、実際に参加するようになった。そういった意味では、ケータイの普及でコミュニケーションの「閾値」が下がったのと同様に、ソーシャルメディアは社会参加への「閾値」を下げたのである。つまり、これまで社会参加をしてみたいと思ってはいたものの、距離的や時間的な都合であったり、手伝えることが限られたりしていたために参加できなかった人たちが参加できるようになったのである。例えば、これまで千円からしか寄付を受け付けません、と言っていたのが、百円からでもOKです、というようになったと考えてもらえればいいだろう。千円は出せないけれども、百円なら出せる、出したいと思っていた人が多くいたということである。

こうした社会参加のきっかけの一つとして、近年クラウドファンディングに注目が集まっている。２０１１年の震災直後に始まったREADYFOR？はそうしたクラウドファンディング・サービスの一つである。READYFOR？では、主にクリエイティブな活動、社会性の高い活動を中心に、審査を受ければ誰でもプロジェクト実施のための資金を募集することができる。参加者はプロジェクト達成時に何を受け取れるかが書かれた「引換券」をネット経由で購入するという形でプロジェクトを支援する。例えば、「陸前高田市の空っぽの図書館を本でいっぱいにしようプロジェクト」では目標金額２００万円のところを８００万円以上を集めるなど、サービス開始から1年で３００を超えるプロジェクト申請があり、２７００万円以上の支援金が集まった。[30] READYFOR？では赤十字などとは異なり、募集する人がより具体的にプロジェクトを説明し、参加者が「引換券」を「購入」するというように何にどのように支援するかが可視化されている。こうした「引換券」にある（どんなにささいなものであれ）さまざまなモノや権利を手に入れるという「参加の証」あるいは「参加の可視化」はこれまでの寄付・支援でもなく、実利的なリターンを求める投資でもない、新たな社会参加の形を示している。

このようにソーシャルメディアによって、気軽にさまざまな形で社会参加できる環境が整ってきたとは言え、それはあくまで参加のハードルを下げただけであり、参加したいという意識そのものを醸成したわけではないという指摘もあるだろう。次節では、ソーシャルメディアと社会参加への意識について考察していきたい。

ソーシャルメディアと「想像のつながり」

最近の若者たちは海外旅行や留学に関心が向かず、地元や親しい仲間などに留まり、内向きだとも言われているが、東日本大震災では多くの若者達が募金やチャリティーイベント、ボランティアなど復興支援活動に参加した。彼ら彼女らの多くは東北の人に会ったこともなければ、東北に行ったこともないのに、なぜ我が事のように救援物資を送ったり、ボランティアに参加したりするのだろう。その理由として、多くは同じ「日本人」だから、というのがあるのではないだろうか。実際、「がんばろう、日本」、他にもフジテレビの「ひとつになろう日本」、ACジャパンによる「日本の力を、信じてる」などのキャッチフレーズのもと、さまざまな復興支援キャンペーンが行われた。このように日本を一つのものと考え、応援する姿勢は東日本大震災に限らず、オリンピックやサッカーや野球のワールドカップなどで日本を応援する姿勢にも共通している。

こうした国家・国民としてのまとまりへの感覚はナショナリズムと呼ばれる。アメリカの政治学者B・アンダーソンは『定本想像の共同体　―ナショナリズムの起源と流行』(白石隆・

白石さや訳、書籍工房早川、2007）において、ナショナリズムについて、会ったこともない人たちを同じ国民として捉え、イメージできることを「想像の共同体」という言葉で表現した。ところで、ナショナリズムはどのようにして可能になったのだろうか。アンダーソンによると、ナショナリズムの成立には同時性の観念が不可欠であると言う。多くの国民は一部を除き、互いに会ったこともないまま一生を終え、ある時に互いが何をしているかは知りようがないのだが、それでも互いの同時的な活動については疑問を抱いていない。このような「想像のつながり」はすべての登場人物が互いに直接会わなくとも均質な時間の流れの上で、同時に行動している小説という形式によって意識付けられた、とアンダーソンは指摘する。こうした形式は一つの紙面にさまざまなニュースが掲載される新聞にも見られる。毎日、大量に印刷される新聞は「一日だけのベストセラー」として、「想像のつながり」を日常的に普及させたのである。メディアによる同時性の醸成は新聞だけではなく、現代ではテレビにおいても同様に見ることができるだろう。例えば、NHKの「ゆく年くる年」では日本各地の除夜の鐘や新年の様子が放送されるが、私たちはそれを見ながら「日本」各地が「同時」に12月31日を終え、1月1日という「暦」を刻んでいると意識する。

また、印刷術が産業化し、大量生産商品としての新聞を考えた時、その市場を確保するためにある程度の言語統一性が必要となる。例えば、日本で新聞を売ろうと考えた場合、関西や九州、東北などそれぞれの地域の方言をまとめて標準語としての「日本語」を設定し、まとまった読者を確保する必要がある。「日本語」という共通フォーマットが通用する地域がそのまま市場となり、その市場としての国家（この場合、日本）が存在するようになる。このようにメディア、特にマスメディアは「想像の共同体」の成立と密接に関係している。むしろ、その成立過程を見ていくと、国家ありきでメディアがつくられ、普及していったというよりも、メディアがつくられ、普及していくことで国家もつくられていったと見ることも可能なのである。[31]

それではインターネットの普及は「想像のつながり」にどのような影響を与えたのだろうか。実はこうした議論は今に始まったことではない。インターネットが普及しだした1990年半ば頃からインターネットでの電子メール、掲示板などが徐々に普及し、そこでのコミュニティ形成、直接民主主義の可能性などについて盛んに議論された。[32]ただし、そこでインターネットを利用するために想定されていたメディアはあくまでデスクトップPCであったことは注意しておくべきであろう。もちろん、かつての部屋をまるごと占めて置かれていた大型汎用機から個人の机で使えるようなサイズにはなっていたものの、普及率も一人一台というほどではなかったし、持ち運ぶことも難しかった。そういった意味では、かつて村に一台から一家に一台となった電話機から一人一台のケータイという変化が電話というメディアの性質を大きく変え、再考を迫ったのと同様、インターネットがデスクトップPCだけではなくノートPC、ケータイ、スマートフォン、タブレットといった「場所」という空間的な制約から解放するモバイルメディアでも展開している現代は、デスクトップPCに基づいたインターネット論とはまた異なる、新たな局面であるとして考えていかなければならないだろう。

ケータイの発展・普及によってインターネットがモバイル化し、ソーシャルメディアが普及していったことで「想像のつながり」は柔軟に組み替えられるようになった。こうした変化を最も端的に表している事象がフラッシュ・モブ（Flash Mob）である。フラッシュ・モブとはインターネットなどでの呼びかけによって、互いに知らない人同士が公共の場所に集まって、集合的に行動し、その後散り散りになって解散していくパフォーマンスであるが、You Tubeなどで検索し、実際に見てもらったほうが早いかも知れない。フラッシュ・モブは厳密には2003年にニューヨーク各所で行われた一連のパフォーマンスを指すものであったが、より広義に捉えるとすれば、それ以前からあった同様のパフォーマンスを総称するものであると言われてる。

このようなフラッシュ・モブを広告に活用した例としてT-Mobileの一連のCMが挙げられる。リバプール駅構内で突然ダンスの曲が流れ出しダンスを始める少数の人たちがいる。行き交う乗客たちが最初は「なんだ?」と思って見ているが、その中からだんだんとダンスに参加する人が増え、最終的には構内いっぱいにダンスをする人があふれるが、ダンスが終わると何事もなかったかのようにそれぞれ散り散りになっていく、というCMである。T-Mobileはこれに続くCMとしてトラファルガー広場に1万3000人近くが集まって一緒に「ヘイ・ジュード」を歌うもの、ヒースロー空港でミュージカル風に旅行者を出迎えするものなどを放送した。これらのCMにあるように、互いに知らない人たちが集まって、ある時間・空間を共有しながら、パフォーマンスを行うことを可能にしたのは「想像のつながり」であった。つまり、行為としてのフラッシュ・モブでは、その時間・空間において参加しているという感覚を媒介として、その場に居合わせた他の人との「想像のつながり」が形成されていると言える。[33] そして、それは永続的に続くものではなく、その時その時で編成される柔軟なものである。先に見た一連のフラッシュ・モブCMはT-Mobileの掲げるキャンペーン〝Life's for sharing（人生は共有のために）〟に基づいて行われたものであるが、このキャンペーンを打ち出し、フラッシュ・モブによってそれを社会に訴えたT-Mobileが携帯電話会社ということは示唆深い。

メディア学者の伊藤昌亮はフラッシュ・モブを「儀礼と運動の交わるところ」として捉え、フラッシュ・モブが見せる「集合的沸騰」における「集合力」が「秩序形成能力」につながると指摘する。「集合的沸騰」には「創造的沸騰」と「破壊的沸騰」と二つの局面がある。「創造的沸騰」とは新たな「デモの文化」につながる「社会運動」であり、「破壊的沸騰」とは新たな「テロの文化」につながる「反社会運動」である。「アラブの春」においてチュニジア、リビア、エジプトに見られた社会変革は、フラッシュ・モブの持つこうした「集合的沸騰」の結果と言えるだろう。

ケータイを始めさまざまなデバイスによって、インターネットがモバイル化し、ソーシャルメディアが普及することで、「想像のつながり」はその時々、その場その場で柔軟に編成できるものになり、ある時はT-Mobileの一連のCMで見られたフラッシュ・モブのように、その場に居あわせた人々といったより小さなものとなったり、ある時は「アラブの春」に見られたように国家を揺るがし、また国家という枠組みをはるかに超えるものになったりする。そのように考えると、オリンピックやワールドカップで日本を応援する中で日本人としての「つながり」を感じたり、時には環境問題、貧困問題などグローバルな問題で世界中での「つながり」を感じる一方で、また時には出身の地方や地元、仲間に「つながり」を感じたりする若者たちの感覚は、こうした柔軟に組み換えられる現代版の「想像のつながり」として捉えると理解できるのである。[34]

つながるデジタル・ネイティブ

本章での論点をまとめておこう。本章ではまず生まれた時からデジタルメディアに囲まれて、それが無いということを感覚として理解できない世代であるデジタル・ネイティブについて見てきた。デジタル・ネイティブに対し、デジタルメディアが無い時代に生まれ育ったオトナ世代はデジタル・イミグランツ（デジタル移民）と位置づけられ、こうした構図はこれまでオトナ世代が若者を批判するという典型的な若者論の構図を逆転させるという意味では有効であったが、若者とオトナという二項対立的な視点に回収させるのではなく、そうした構造自体を理解することが重要であることを指摘した。

テレビは戦後の日本において代表的なマスメディアとして君臨し続けてきたが、近年では「若者のテレビ離れ」と言われているように、デジタル・ネイティブにとって、「テレビを見る」という行為はみんながしている当然の行為ではなくなっており、テレビ視聴の中心は高齢者世代が中心となっている。とは言え、デジタル・ネイティブは、何かをしながら視聴するという「ながら視聴」が多いものの、決してコンテンツとしてのテレビを見なくなったというわけではなく、ケータイでのワンセグ、インターネットで「ニコニコ動画」や「You Tube」など、ハードとしてのテレビ以外のメディアで動画を見る時間が増えている。

デジタル・ネイティブたちはケータイによって、コミュニケーションの「閾値」が低下し、いつでもどこでも、大した用件でなくても相手にメッセージを送れるようになった。こうした「コンサマトリー（自己目的）」なコミュニケーションには、アドレスの登録数、メールの件数などコミュニケーションが数値化され、可視化されていることも背景の一つとして指摘できる。

しかし、それは一方で、受け取ったメッセージに返信をしなくてはならないというコミュニケーションの「圧力」や、自分のメッセージに反応がないとどうしようという不安の高まりもにもつながっている。

Twitter や Facebook などソーシャルメディアの普及はネットとリアルという二項対立的な構図の変容を迫った。現代社会はネットの呼びかけや行動がいつの間にかリアルに、リアルな問題がいつの間にかネット上に現れてくる、いわばリアルとネットとの境界・表裏のない「クラインの壺」[34]になっている。そういった意味で、デジタル・ネイティブはリアルとネットの区別がついていないという批判は的はずれであり、ネットとリアルとを区別する方が現代社会の有り様を捉え損なっているとも言える。２０１１年に起こった「アラブの春」や東日本大震災におけるボランティアなど、若者が中心となった社会変革、社会参加はソーシャルメディアの普及が大きな要因であった。ソーシャルメディアによる情報や活動、拡散と統合、リアルとネットの一体化が、内にあった社会参加したいという意識を実際の社会参加へとつなげる、社会参加への「閾値」を下げたことは注目すべきであろう。

インターネットの普及によって登場したフラッシュ・モブは21世紀の新たなデモ（社会的）とテロ（反社会的）の文化を示し、デジタル・ネイティブたちの新しい社会参加の形態でもある。デジタル・ネイティブの中で、グローバルな問題、ナショナリズム、身近な友人を大事にする感覚が違和感なく同居しているのは、かつての新聞やテレビを中心とするマスメディアに支えられた固定的な「想像のつながり」ではなく、ソーシャルメディアによって形成されたその時々、その場その場で柔軟に編成される「想像のつながり」を背景とするためである。

次章では、こうしたデジタル・ネイティブ、コミュニケーション、ソーシャルメディアにおいて重要な概念となる「つながり」について、ソーシャル・キャピタル論、ネットワーク論を中心に考察を進めていく。

---

1. D・タプスコット『デジタル・ネイティブが世界を変える』30頁。またD・タプスコットは1997年に"Growing Up Digital: The Rise of the Net Generation"(『デジタルチルドレン』ソフトバンククリエイティブ、1998年)でも新たなデジタル世代の登場を指摘している。
2. 松下慶太『てゆーか、メール私語』(じゃこめてい出版、2007)
3. 高橋利枝、本田量久、寺島拓幸「デジタル・ネイティヴとオーディエンス・エンゲージメントに関する一考察：デジタル・メディアに関する大学生調査より」(『応用社会学研究』50、71―92頁、2008年)
4. 高橋利枝「デジタル・ネイティヴと日常生活―若者とSNS(ソーシャル・ネットワーキング・サイト)に関するエスノグラフィー」『情報通信学会誌』27(3)、15―28頁、2009年)
5. 橋元良明『ネオ・デジタルネイティブの誕生』(ダイヤモンド社、2010年)
6. ゲーミフィケーションはバズ・ワードとして流通しているところがあり、定義などは曖昧なまま用いられることが多い。一方で学術的な研究としても徐々に広がりつつあり、井上明人『ゲーミフィケーション』

（ＮＨＫ出版、２０１２）などに詳しい。また実際の社会活動を経験したり、課題を解決するためにゲームを活用するシリアスゲームという概念ともあるが、こちらはゲームそのものを指すため、ゲーミフィケーションとは区別される。

7. ライフネット生命保険「モンスターハンターに関する調査」（２０１１）<http://www.lifenet-seimei.co.jp/newsrelease/2011/3431.html>

8. 水越伸『デジタル・メディア社会』（岩波書店、２００２）

9. 『２０１１年国民生活時間調査報告書』（ＮＨＫ放送文化研究所、２０１１）８～９頁

10. post-gazette.com、<http://www.post-gazette.com/pg/10099/1048991-67.stm>（２０１０年８月30日アクセス）

11. 佐々木俊尚は『２０１１年新聞・テレビ消滅』（文春新書、２００９）でこうしたメディア状況を及川卓也の唱えたコンテンツとそれを運ぶ容器であるコンテナ、さらにそれを流通にのせて運ぶシステムであるコンベヤという3層のレイヤーからなる水平分散モデルを用い、新聞、テレビといった旧来のマスメディアのシステムの限界を指摘している。なお及川卓也のメディアにおける水平分散モデルに関しては及川のblog<http://d.hatena.ne.jp/takoratta/20090213/1234490675>（２０１０年８月30日アクセス）を参考。

12. IBM、<http://www-935.ibm.com/services/us/gbs/bus/html/ibv-digital-media-consumer.html>（２０１０年８月30日アクセス）

13. Nielsen、<http://blog.nielsen.com/nielsenwire/online_mobile/what-americans-do-online-social-media-and-games-dominate-activity/>（２０１０年８月30日アクセス）

14. 「ニコニコ動画」は２０１２年5月より、「niconico」へと名称変更しているが、本書では「ニコニコ動画」を使用する。

15. アメリカでは有料版と広告表示を入れた無料版とがあるが、日本では有料版のみでサービスを開始した。日本でのサービス開始当初は月額１４８０円だったが、２０１２年４月より９８０円へと値下げを行った。現在では角川書店、松竹、東映など映画配給会社に加え、テレビ東京も参加している。

16. ＢＰＯ「〝デジタルネイティブ〟はテレビをどう見ているか?～番組視聴実態３００人調査」<http://www.bpo.gr.jp/youth/research/index.html>（２０１０年8月30日アクセス）

17. 前掲注16、53～54頁。またＢＰＯの調査ではサイト運営者が著作権処理等を済ませた上での公式コンテンツを配信する「動画配信サイト」とサイトユーザーが投稿した動画を配信する「動画投稿サイト」を区分しているが、本研究では「動画投稿サイト」で統一した。ただし、ＢＰＯの調査に直接言及する場合のみその両者の区分を用いる。

18. 前掲注16、58～59頁。

19. 前掲注16、62頁。

20. 電話が一般家庭に普及していく過程でメディアとしてどのように扱われるようになったかに関しては、吉見俊哉、若林幹夫、水越伸『メディアとしての電話』（弘文堂、１９９２）に詳しい。

21. こうしたケータイの発展とそのメディアとしての意味合いに関しては岡田朋之、松田美佐編『ケータイ社会論』（有斐閣、２０１２）に詳しい。

22. ITmedia ニュース「ケータイ利用の中高生、6割が『振り回されている』」。<http://www.itmedia.co.jp/news/articles/0709/12/news090.html>

23. ITmedia ニュース「ITは、いま――個人論『mixi 依存症なんです』―ソーシャルネットで人生が変わった26歳女性」<http://www.itmedia.co.jp/news/articles/0408/31/news049.html>

24. こうした「コンサマトリー」なコミュニケーションは、例えば社会学者の北田暁大は「繋がりの社会性」という用語によって指摘している。

25. エマド・ミケイはＩＰＳでのインタビューでFacebook、Twitter 以外のソーシャルメディア、さまざまなメディアのチャンネル、何より民衆の政権への抵抗意識が革命へとつながったとしている。<http://ips-j.com/entry/3535;jsessionid=CD5EA30C71300317522O3E98A3DF11C4?moreFlag=true>

26. もちろん、ソーシャルメディアもインターネット上のサービスである以上、政府もそれを規制することが可能であるし、実際にそのように規制をする動きもあったが、アノニマスなどいわゆるハッカー集団によってインターネットの自由を確保する動きがあったことも確認しておくべきであろう。

27. 1995年に起こった阪神・淡路大震災の時も、ネット上の掲示板などが情報交換などに使われたが、当時はまだインターネットが普及しているとは言いがたい状況であり、その活用も広範囲とは言えなかった。

28. 吉次由美「東日本大震災に見る大災害時のソーシャルメディアの役割〜ツイッターを中心に〜」『放送研究と調査』（2011年7月号）を参照。他にも、執行文子「東日本大震災・ネットユーザーはソーシャルメディアをどのように利用したのか」『放送研究と調査』（2011年8月号）、また被災地の人々がどのようにメディアを利用したのかについては、執行文子「東日本大震災・被災者はメディアをどのように利用したのか〜ネットユーザーに対するオンライングループインタビュー調査から〜」『放送研究と調査』（2011年9月号）に詳しいが、ソーシャルメディアの利用状況自体はほぼ同様に、Twitter が優勢であった。

29. そういった意味で「セカンドライフ」の衰退はまさしく、ネット空間は現実世界と別なものであるという認識そのものが「現実的ではない」ことを示唆していたのかも知れない。

30. READYFOR？の web サイト <https://readyfor.jp/> によると、1年間で支援者の合計は3689人、一人あたりの平均支援額は7433円であった。また募集期間内に支援金が目標に達さなかった場合、支援金が返却される All or Nothing 型のプロジェクトもある。こうしたクラウドファンディングはアメリカなどでは例えば2009年にスタートしたクリエイティブ活動を支援する Kickstarterb <http://www.kickstarter.com/> などがある。

31. ソシオ・メディア論でも紹介した水越伸『デジタル・メディア社会』（岩波書店、2002 ＊初版は1999）ではそうした近代日本の成立とメディアとの関係を描いている。

32. 例えば、ハワード・ラインゴールド『バーチャル・コミュニティ』（会津泉訳、三田出版会、1995）などがある。ラインゴールドはその後も、『スマート・モブズ』（公文俊平他訳、NTT出版、2003）など積極的にインターネット社会の到来を説いた書籍を出版している。

33. 実際には、例えばリバプール構内のダンスのCMは事前に参加者が決められ、他の場所で練習も行なっていた。その参加者たちが行き交う乗客を装っていたため、厳密な意味では、知らない人同士でその場、その時で自然発生的にダンスを始めたわけではない。

34. インターネット上の掲示板などで右翼的な発言をするユーザーは「ネット右翼（ネトウヨ）」と呼ばれ、インターネットの「右翼化」を指摘する声もある。筆者の個人的な考えでは、インターネットの「右翼化」、「ネット右翼」はいわゆる「右翼的」な人が増えているといった問題ではなく、2ちゃんねるなど匿名性のあるインターネット系言説舞台が、テレビや新聞といった既存のマスコミ（あるいはそれに連なる「インテリ・知識人」）に対するオルタナティブである、という社会におけるそれぞれのメディアの布置関係から説明できると考えている。

35. 「クラインの壺」は境界、表裏のない局面の一種。

第2章

「つながり」よければすべてよし?

前章でも見たように、デジタル・ネイティブである若者たちは対面による直接的なコミュニケーション以外にもソーシャルメディアなどを介しながら、さまざまな形で友人との「つながり」を形成・維持しており、その関係性を重要視している。特にソーシャルメディアがそうした「つながり」を「アラブの春」や東日本大震災のボランティア活動など、実際に社会参加へと駆り立てるひとつの原動力となっている事例を見てきた。このような「つながり」への注目は社会全体でも高まってきている。本章ではそうした「つながり」を読み解くために、二つのキーワードを考察する。

一つ目のキーワードは「ソーシャル・キャピタル（SocialCapital）」である。ソーシャル・キャピタルとは人と人とのつながりそれ自体をひとつの「資本」と捉え、社会の中における人間関係の「つながり」によってお互いの信頼感や規範が蓄積される、あるいはその蓄積によって、その社会が効率的に運営できるようになるという考え方である。ソーシャル・キャピタル論は町内会などのご近所付き合い、学校生活での部活、社会人の勉強会などさまざまなコミュニティを見ていく、あるいは運営していく上でも有効な視点である。本章ではこうしたソーシャル・キャピタル論の意義と問題について、特に若者たちにおけるメディアとソーシャル・キャピタルとの関係に着目しながら見ていきたい。

二つ目のキーワードは「ネットワーク」である。点と点が結ばれて形成されるネットワークの構造を分析する研究としてネットワーク論がある。生き物や都市を一つの点と捉えて、それらの関係性を線で結ぶネットワークは自然界の食物連鎖や高速道路網、さらには人間関係まで社会のさまざまな所で見い出せるが、インターネットはまさしくネットワークの代表例である。本章では特にインターネットに基づいた人間関係、そしてコミュニケーションが一般化した現代社会において、私たちの人間関係のネットワーク構造がどのようになっているのか、どのような性質を持っているのか、を中心に見ていきたい。

1 ソーシャル・キャピタルとは何か？

2010年11月3日、3万人以上が詰めかけた神宮球場では早稲田大学と慶應義塾大学による東京六大学野球の優勝決定戦が行われていた。結果は10対5で早稲田大学の勝利に終わったが、その日の主役は間違いなく早稲田大学のキャプテン、斎藤佑樹だった。すでにプロ入りが決まっていた斎藤は試合後のスタンドで「最後に言わせてください」と言い、次のように続けた。「いろんな人から斎藤は何か持ってると言われ続けてきました。今日、何を持っているのか確信しました。それは、仲間です」と。斎藤佑樹はもちろん能力的には素晴らしいものを持っていたし、またそれをうまく発揮できたという運も持っていただろう。しかし、それらよりも、自分は仲間がいてこそである、と高らかに宣言したことで日本中で喝采を浴びた。

のび太は何を「持っている」のか？

『ドラえもん』に出てくるのび太はスポーツも勉強も苦手で、いつもジャイアンにいじめられたり、失敗をしたりでドラえもんを頼っている。ドラえもんはのび太の自立を願いながらもさまざまな道具を取り出して手助けをする。のび太はドラえもんや他の仲間を頼りながらも結果的には、さまざまな問題を何とか乗り越えて、成長していく。一方、のび太と対照的なキャラクターとして出木杉くんがいる。出木杉くんは（名前負けすることなく）スポーツ万能・成績優秀であり何でも一人でできる。それでは出木杉くんに比べてのび太はまったくダメなのかというとそうでもない。確かにのび太と出木杉くんの能力を比べるとのび太は圧倒的に劣っている。しかし、のび太は一人では何もできないかも知れないが、ドラえもん、そして手助けしてくれる仲間を持っている（劇場版になると特に）。こうした手助けしてくれる仲間との「つながり」そのものも個人の能力と同じようにその人の価値や資産だと見ることができる。またこうした信頼関係のある「つながり」が多く存在するコミュニティはそうではないコミュニティと比較して、高いパフォーマンスを期待することができる。このように「つながり」自体を価値のあるもの（＝資本）とする概念を「ソーシャル・キャピタル」と呼ぶ。

ソーシャル・キャピタルは90年代から経済学や政治学、社会学など社会科学を中心に徐々に注目されるようになった言葉である。とは言え、ソーシャル・キャピタルは何も特別なものでもない。例えば、日本でも「ご近所さん」に見られたような「つながり」を持つコミュニティはソーシャル・キャピタルが蓄積されている典型的な例であると言えるだろう。こうした地域の「つながり」はまちおこし、地域振興などにおいて近年、再評価されている。そういった意味では、ソーシャル・キャピタルは現代社会において失われた、あるいは減少しつつあるコミュニティにおける「つながり」の有用性の再発見でもある。

ブルデュー、コールマンのソーシャル・キャピタル論

ソーシャル・キャピタルは直訳すると「社会資本」となるが、「社会資本」というと道路や水道、電気などいわゆるインフラを指すため誤解されやすい。ソーシャル・キャピタルは人と人との関係性そのものを価値として注目していることから「関係」を挟みこんだ「社会関係資本」という訳語が一般的に用いられている。ソーシャル・キャピタルの研究は盛んに行われているものの、あるいはそれゆえと言うべきか、その定義は多様である。よく知られるものとしてOECDの「グループ内部またはグループ間での協力を容易にする共通の規範や価値観、理解を伴ったネットワーク」という定義がある。しかし、この定義からもソーシャル・キャピタルのさまざまな解釈が可能である。

ここでは、ソーシャル・キャピタル論を紹介する際によく引き合いに出される二人の社会学

者、P・ブルデュー[1]とJ・コールマン[2]のソーシャル・キャピタル論を概観していこう。

まず、ブルデューが説明しようとしたのは社会における階層の再生産・固定化のメカニズムである。ブルデューは資本を経済資本、文化資本、社会資本という三つに分類した。これらの資本はそれぞれ交換可能であり、これらを蓄積している階層、あるいは蓄積できない階層は、その後もその階層にとどまり続けるという。ブルデューは社会資本、すなわちソーシャル・キャピタルを「メンバーの一員として、互いに知り合いで、認知し合っている多かれ少なかれ制度化された関係という永続的なネットワークにおける位置づけと結びついたリソースの総体」というように位置づける。簡潔に言えば、人の持つ人脈やコネ、あるいはそれを可能にするグループや集団などである。そしてそこで、所属しているメンバーに対して、集合財としての「信任」を与えるのである。

一方で、コールマンはソーシャル・キャピタルを個人に特定の行動を促すのに有用な社会的構造にあると考え、それを特に「機能」という点から説明した。例えば、椅子はその色や形、材質などはさまざまであるが、「座る」という機能という意味から規定することができる。同様にソーシャル・キャピタルもその機能すなわち、「すべて社会構造のある側面からなる」という点と「構造内にいる個人にある種の行為を促す」という点から定義しうるとした。そういった意味で、コールマンは個人の行動や振る舞いを、個人が合理的だと思い行った結果でもなく、規範などによる社会的な強制力による結果でもないと説明するための概念としてソーシャル・キャピタルを捉えていた。

コールマンはこうしたソーシャル・キャピタルの例として、韓国の学生運動において果たした学習サークルの役割、デトロイトやエルサレムで子どもを一人で遊ばせる時の安全性の低さなどを挙げている。前者は学習サークルによって形成されたネットワークによって大学生が学生運動に参加するという行為につながっている。また後者は近隣住民のソーシャル・キャピタルが低いために信頼することができず、子どもを遊ばせないという行為の選択につながっているのである。

社会的ジレンマ

コールマンはソーシャル・キャピタルにおける「公共財」という点も強調した。その場合、ネットワークを形成・維持するために何の負担もすることなしに便益だけを得ようとする「タダ乗り（フリーライダー）」の問題が常に付きまとうことになる。

「タダ乗り（フリーライダー）」の問題を考える思考実験として「共有地の悲劇」がある。例えば、自分が飼っている牛のエサとなる牧草地が他の牛の飼い主との共同のものであると考えよう。その共同体に属するみんなが幸せになるためには自分の牛が食べる量をセーブしなければばならない。一方、自分の牛をよくあるいは多く育てる、すなわち自分の受ける「便益」を最大化するためにはたくさんの牧草を食べさせるのが合理的な選択となる。しかし、そのように好きなだけ食べさせると、他の飼い主が困る。また他の飼い主も自分の「便益」を最大化するために好きなだけ食べさせると、その共同体自体が崩壊する。このように自分の「便益」を最大限にするような行動が翻って共同体そのものの「便益」を減らすことになり、結局は自分に跳ね返ってくる。こうしたジレンマが「共有地の悲劇」である。このような社会的ジレンマは「囚人のジレンマ」などにも見られるものである。つまり、自分の所属するコミュニティや共同体、組織などにおいてお互い協力する方がうまくいくはずなのに、自分の「便益」だけを考えて行動することは全体の「便益」にならず、さらに自分に跳ね返ってきてしまうのである。

コールマンはこのような社会的ジレンマを避けるためには閉じられたネットワークが有効であると指摘する。なぜなら、閉じられたネットワークにおいてはその閉鎖性ゆえに生じる社会的規範や制裁の強制力などが個人の利己的行為を抑えるのに有効だからである。つまり、その場限りの集団や組織においては、二度目がないために「タダ乗り（フリーライダー）」などの「裏切り行為」が有効であるかも知れない。しかし、明日も明後日も会うような継続的に関係が続く集団や組織においてはそうした「裏切り行為」は集団や組織の他のメンバーからの信頼が低下してしまい、それ以降のことを考えると必ずしも有効とは言えないのである。

ボウリングもカラオケもお一人で

ソーシャル・キャピタルの概念を広く世に知らしめた研究者としてアメリカの政治学者R・パットナム[3]がいる。パットナムは『哲学する民主主義―伝統と改革の市民的構造』（河田潤一訳、NTT出版、2001）で南北イタリアにおいて政治的パフォーマンスの違いが何に起因するのかを分析した。その結果、お互いに信頼の置けるコミュニティの発達している、すなわちソーシャル・キャピタルが蓄積していることが、政治的パフォーマンスの違いにつながっていると示された。

パットナムはこのように、コミュニティにおけるソーシャル・キャピタルの蓄積が社会全体にどのような影響を与えているのか、という研究をアメリカ社会に対しても行った。その研究成果が『孤独なボウリング―米国コミュニティの崩壊と再生』（柴内康文訳、柏書房、2006）である。ところで、なぜソーシャル・キャピタルについて研究した本のタイトルにボウリングなのだろうか。それにはアメリカ社会においてボウリングがどのように位置づけられていたかが関係している。かつてアメリカ社会ではボウリング場での地元の友人や知り合いとの挨拶や会話がコミュニティの形成や維持において重要な役割を果たしてきた。ところが、そのような人間関係の形成・維持のきっかけであったボウリングを一人でするアメリカ人が増えてきたということから、アメリカ社会全体でそうしたつながりの消失が目立っていることを象徴して付けられたタイトルである。近年、日本でも住んでいる地域での町内会や大学でのサークルがかつてほど盛んでなくなり、また仲間と一緒に行うものであったカラオケでも「一人カラオケ」が増えているなど、アメリカの状況を他人ごととは言い切れなくなっている。

『孤独なボウリング』ではアメリカ社会において、政党の集会やスピーチ、寄付といった政治参加、非営利団体やPTAなどの市民参加、教会などへの宗教参加、労働組合などへの参加、そしてそれらの団体における活動の活発さが20世紀後半を通じて減少し続けていること、また、食事やスポーツ、遊びなど隣人と一緒に過ごす時間も減少し、それらを一人で行う人が増えていることなどがさまざまなデータから示されている。その背景には、テレビや電話、インターネットといったテクノロジーの発展と普及、都市郊外のスプロール現象、共稼ぎ世帯の増加や世代による価値観の変化などがあると考えられるが、ソーシャル・キャピタルの減少によって、経済的なパフォーマンスのみならず、健康や幸福、民主主義なども悪影響がありうると指摘している。例えば、社会的なつながりのない人々は、家族や友人、コミュニティとつながりがある者に比べて、2〜5倍の確率で死亡しやすいというデータなどが紹介されている。[4]

こうした社会的な孤独はアメリカだけではなく日本でも同様に問題になっている。2010年1月に放映された、NHKによるドキュメンタリー『無縁社会』では単身世帯が増えた結果、家族や友人、仕事上のつながりを失った人たちが誰にも気づかれずに死を迎え、その数は年

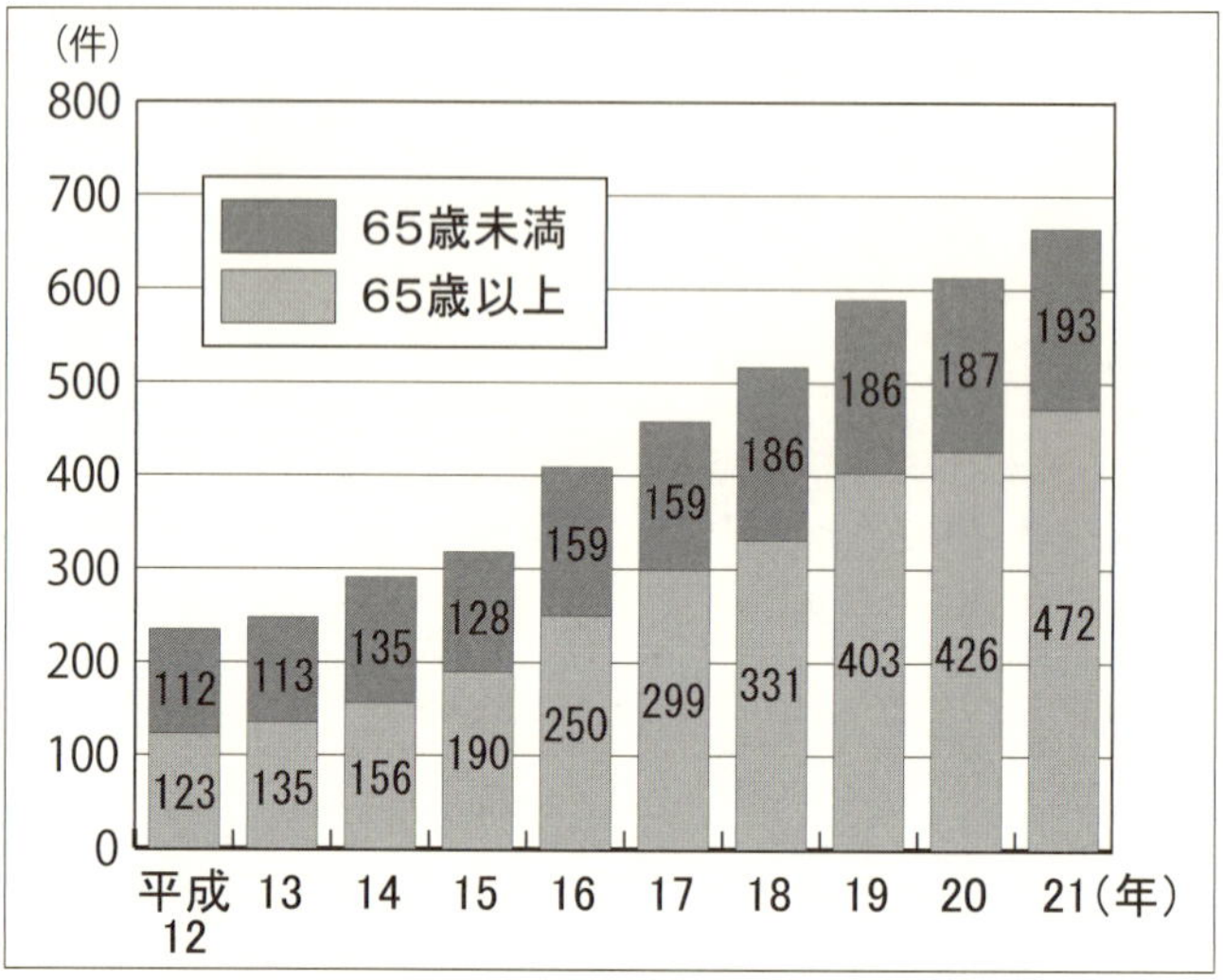

2-01　(独)都市再生機構における「孤独死」の発生状況(『平成22年高齢社会白書』を元に作成)

間3万2000人にものぼるという現実が描かれた。『平成22年版高齢社会白書』は「孤立死(孤独死)」が2000年以降、増加していることを高齢社会における一つの問題として捉えている(2－01参照)。こうした「無縁社会」、「孤独死」はまさしくソーシャル・キャピタルと密接に関わっている問題である。

結束するつながり、橋渡しするつながり

パットナムはソーシャル・キャピタルを「物的資本は物理的対象を、人的資本は個人の特性を指すものだが、社会関係資本が指し示しているのは個人間のつながり、すなわち社会的ネットワーク、及びそこから生じる互酬性と信頼性の規範である」[5]と説明する。そして、ソーシャル・キャピタルを「結束（Bonding）型」と「橋渡し（Bridging）型」とに分類する。「結束型」のソーシャル・キャピタルは例えば、少数民族や宗教、政治的あるいは社会的マイノリティの団体に見られることが多い。こうした集団は社会からの抑圧など不利な扱いを受けることも多いため、所属しているメンバーは密で強固なネットワークを形成し、メンバー同士で精神的・物理的に支え合うのである。またこうした社会的マイノリティの団体以外にギルドや組合的な性格をもつ同業者のネットワークなどもこれにあたる。このようなネットワークにおいては、参加するメンバーはそのコミュニティを離れては商売が成立しないために、密で強固なネットワークを形成する傾向にある。他にも、日本であれば練習が過酷で、先輩後輩関係が厳しいいわゆる体育会系の部活、またそういった雰囲気を持つ会社などもこうしたソーシャル・キャピタルが蓄積されている集団であると言えるだろう。これまで見てきたような集団は、所属しているメンバーが濃密な時間を過ごし、密接なつながりを持つようになっている。こうした集団に形成・蓄積される「結束型」のソーシャル・キャピタルは社会における「強力接着剤」となる。

一方で「橋渡し型」のソーシャル・キャピタルは自分が頻繁には接することのない人とのネットワークであり、情報の伝達や外部の資源との連携などに向いているとされる。例えばさまざまな業種の人と知り合うことで普段自分が接していない情報や協力を得るきっかけになる異業種交流会やパーティーなどはこうした「橋渡し型」のソーシャル・キャピタルを形成する典型的な場であると言える。もちろん異業種交流会やパーティーは多くの場合、その場限りであり、そこで生まれたつながりはその後、継続されるとしても、「結束型」のソーシャル・キャピタルを生み出すようなつながりと比べると密接ではなく、深いつながりというわけではないかも知れない。しかし、そのように「薄い」つながりであるからこそ「広い」ネットワークの形成が可能であり、普段では接することのできない情報やチャンスに恵まれる可能性が高くなるとも言える。こうした薄く広いつながりをもとにした「橋渡し型」のソーシャル・キャピタルは社会における「潤滑油」となる。

「橋渡し型」のソーシャル・キャピタルを考えるにあたってアメリカの社会学者M・グラノベッター[6]の指摘する「弱い紐帯の強さ」にも触れておきたい。グラノベッターは転職した際にどのようなつながりの人がそのきっかけや情報源になったのかについて調査を行った。その結果、転職のきっかけとなったのは、普段顔を合わせているような「強い紐帯」からの情報ではなく、むしろ「弱い紐帯」による人間関係からの情報であることが分かった。ちょっとした顔見知りなどの「弱い紐帯」による人間関係は自分が普段は手に入らないような思いがけない機会や情報を得たり、あるいはコミュニティ同士をつなげたりするために重要な働きをしている。そういった意味では「弱い紐帯」は、むしろ「強い紐帯」すなわち「結束型」のソーシャル・キャピタルよりも有効であるという「弱い紐帯の強さ」をグラノベッターは指摘した。

もちろん、この調査の結果が世界共通であり、日本社会にもそのままあてはまるか、というとそうではないかも知れない。日本でも、その善悪は別として、昔から「口利き」や「コネ」によって就職、転職するということはよくあった。そこでは「○○さんの紹介だから」ということが、その人を紹介した人への義理、恩義、追従になっていたり、あるいは人物保証になったりもしていた。こうした場合、「弱い紐帯」よりも「強い紐帯」の方が転職に有効であったと言えるだろう。

このように転職という事柄を見てみても、ネットワーク構造だけで決定されるというわけではなく、転職という行為がアメリカや日本、それぞれの社会でどのような位置づけで、どのようになされているのか、ということも考慮に入れなければならないだろう。そういった意味では、ネットワーク構造こそがすべてを決めるという「ネットワーク決定論」ではなく、それを当てはめる事柄が置かれている社会的文脈とのバランスが求められる。つまり、第1章でも見たメディアと社会との相互作用を重視する「ソシオ・メディア論」ならぬ、ネットワークと社会との相互作用を織り込んだ「ソシオ・ネットワーク論」とも言える視点が重要になってくるのである。

電子的なつながりはソーシャル・キャピタルになるのか？

　ここまでソーシャル・キャピタルについて見てきたが、これを現代の若者に当てはめたときに最も議論が分かれるのは、このようなソーシャル・キャピタルが電子メディアによって形成されたり、維持されたりするか、という問いであろう。『孤独なボウリング』でもソーシャル・キャピタルと電子メディアとの関連について多くのページが割かれている。

　例えば、電話はそれを利用することで話す機会を与える一方で、直接会って話す機会を奪っているために、孤独感と対面社交の双方を減少させている。また、電話は基本的には空間によって切り離されてしまった人間関係を維持するために使われるのであって、新しい友人やつながりを得るためのものではない。つまり、既存の人間関係を強化こそすれ、それを変容させたり、置換したりするものではないと位置づける。そういった意味では、電話は広く、公的なコミュニティに対置された、家族や友人などとのつながりである私的社会への参加とその重視を促進する傾向があるとパットナムは指摘している。[7]

　一方、テレビ、特に娯楽番組の視聴に関しては社会とのつながり、社会参加を妨げていると考えられている。パットナムの示した調査によると、テレビを「主要な娯楽」であると答えた層はボランティアやコミュニティの活動へあまり参加せず、ディナーパーティーやクラブ会合への出席が少なく、友人を訪ねたり、家で歓待したりすることも少なく、ピクニックにも行かない、政治にもあまり興味を示さない、献血もあまりしない、電話や手紙などもあまり使わないといった特徴が見られるという。つまり、ソファーに座りながら、ポテトチップスを食べ、テレビを長時間視聴する「カウチポテト族」は社会参加度の低い人達であり、アメリカ社会におけるソーシャル・キャピタル減退の一因と指摘する[8]。テレビは孤独な人たちに（それが虚像であれ）画面上でのつながりを提供したり、あるいは番組について他の人と話題にし、共有したりすることで「つながり」を生み出していると言えるかも知れないが、少なくともそれがパットナムの想定する社会参加には結びついていないということが示されている。

しかし、メディアはこうしたマスメディアだけではない。古くは手紙や電話、近年ではケータイや電子メール、ＳＮＳなどパーソナル・メディアでもある。これらのメディアは人とのつながりを促進させるのだろうか。メディアの利用について、テレビの娯楽番組を漠然と眺めて時間を過ごしているような「受け身的な利用」と、友人や家族と電話などで連絡を取ったり、会う約束をしたりなど「主体的な利用」が挙げられている。例えば、先ほども述べたように、電話は新たな人間関係を形成するものではないが、物理的な隔たりによって切り離された人間関係を維持するものであると幾分好意的に捉えている。

ここで見たようなメディアの利用に加えて近年ではオンライン上での「つながり」や社会参加も検討すべき重要な課題である。すなわち「バーチャルなソーシャル・キャピタル」が成立するのかどうかという問いである。インターネットが普及し始めた90年代は、インターネットによって掲示板などのコミュニケーション・ツールが発達し、バーチャルなコミュニティが形成され、そこでは人種や宗教、性別などさまざまな差別が不可視化することで、直接的な民主主義が成立しうるのだ、というポジティブな未来図が語られた。[9]

こうしたバーチャル・コミュニティは、メディア論の始祖とも言えるM・マクルーハンがテレビの普及によって到来するとした「グローバル・ビレッジ（地球村）」のインターネット版とも言えるだろう。[10]ここで想定されているバーチャル・コミュニティは、見知らぬ人同士がそれぞれの趣味や興味・関心によって集まることで形成されている。このように、共通の趣味、興味、関心などによって形成される関係は「情報縁」と呼ばれ、地縁や血縁と区別される。[11]このような情報縁に基づくバーチャル・コミュニティにおけるソーシャル・キャピタルについて、パットナムは「社会関係資本は、効果的なコンピュータ・コミュニケーションにとっての前提条件なのであって、それがもたらす結果ではないということかも知れない[12]」と否定的な見方をしている。その理由として、インターネット上のさまざまなバーチャル・コミュニティは参加や退会が比較的容易であることを挙げている。コミュニティの流動性が高くなると、コミュニティへのコミットメントが低下し、そこでの信頼性、規範、互酬性が発達しない可能性が高くなることが考えられる。先に「タダ乗り（フリーライダー）」について述べた箇所でも指摘したように、簡単に出入りができず、付き合いが続いていく「閉じたネットワーク」において、初めて規範や信頼性が生まれ、また成員同士の期待や義務が発生するからである。

このように、パットナムはインターネットの普及によって形成されるようになったバーチャル・コミュニティにおけるソーシャル・キャピタルには否定的である。インターネットによるコミュニケーション機能自体に対しては一定の評価をしているものの、効果的なインターネット・コミュニケーションにおいてはソーシャル・キャピタルが前提条件であり、決してインターネット・コミュニケーションの結果、ソーシャル・キャピタルが蓄積されるのではないとも指摘している。その上で、「コンピュータ・コミュニケーションの主たる影響が、対面関係を置き換えるよりもむしろ強化することにあるのなら、ネット自体で社会関係資本の衰退を逆転させることは起こりそうにない[13]」とあるように、これまで手紙や電話で行なってきた既存の人間関係を強化するコミュニケーションが、インターネットを介してさらに強化されることに対しては可能性を見出している。

インターネット利用とソーシャル・キャピタル

社会心理学者の宮田加久子は日本における調査からインターネット利用とソーシャル・キャピタルとの関連について次のような指摘をしている。[14]

1. インターネット利用は既存の人間関係のネットワークを阻害するのではなく、補完している。
2. PCメールは強い紐帯／弱い紐帯の双方を含めたネットワーク規模の拡大に寄与している。一方で、ケータイ・メールは既存の強い紐帯を強化している。
3. オンライン・コミュニティは閉じたネットワークを拡大する場ではなく、ネットワークが追加され、各出していく開放的な性質がある。またそこに参加する人はもともと社会ネットワークを持っている人が多い。
4. オンラインによってできたネットワークは電話や対面コミュニケーションを加え、強い紐帯に転化する可能性もある。
5. オンライン・コミュニティの資源の異質さ、多様さは一様ではない。目的を共有するコミュニティでは同質的になる傾向がある。
6. オンライン・コミュニティの参加者の紐帯が強化されるにつれて、同質化が生じる。

中でも特に4～6の指摘は興味深い。バーチャル・コミュニティ（オンライン・コミュニティ）は多様な人が集まり、情報が共有、交換され、また自由に議論が交わされる場であるというイメージはあながち間違いではない。しかし、時間が経過し、ネットワーク自体が成長・変容していくということも忘れてはならない。その過程で、成員同士、他のコミュニケーション手段によってそのコミュニティ内のつながりが強化されることで、同質化していく傾向があると宮田は指摘している。

こうした傾向は例えば2ちゃんねるなどインターネット上の掲示板でも見られる。掲示板は本来、共通する趣味などの話題を共有しながら、さまざまな人が自由に書き込める場であるが、そこに「常駐」するユーザーが出てくると、それまでの話の流れを踏まえて発言したり、また発言の仕方にもそのスレッドのローカル・ルールを守ることが求められたり、規範が生まれることがある。それまでのスレッドを読んで既出の情報や質問を知っておくことも含めて、こうした規範は掲示板が荒れないようにするためには必要な「管理」でもある。このように掲示板を「管理」することによって、「常駐」しているユーザーにとっては居心地の良いものとなるが、一方で初めての人は書き込みにくい雰囲気になる。つまり、そのコミュニティに新規に参加しづらくなるのである。

ここまで主にパットナムのソーシャル・キャピタルと電子メディアについての考察を見てきた。しかし、インターネットの技術は日進月歩である。ソーシャル・キャピタルと電子メディアとの関係も変化が見られるようになった。第1章でも触れたように特にTwitterや

Facebookといったソーシャル・メディアの普及はソーシャル・キャピタルが蓄積されるだけではなく、その結果として選挙やデモ、ボランティアなど実際の社会参加につながっている。

例えば、パットナムは1990年代の若者たちの社会参加が低下していることを指摘したが、大統領選挙への投票率を見てみると、2000年以降はむしろ若者たちの投票率は上がっている。[15] もちろん2001年の9・11同時多発テロ事件、イラク戦争からサブプライムローン危機など対外的・国内的双方においてアメリカにとって変化の大きかった時期であったとは言え、インターネットを中心としたメディアの発展・普及も見逃せない要因であろう。その最たるものが2008年の大統領選挙である。結果的にはオバマ候補が若者、マイノリティの支持を集め当選したが、この大統領選挙は初めてソーシャルメディアを本格的に使った選挙戦と言われている。オバマ陣営は新聞やテレビといった伝統的なマスメディアではなく、YouTubeやTwitter, Facebookなどソーシャルメディアを活用し、ユーザーを組織化する戦略を中心に据えた。Twitterなどで呼びかけられた寄付は2008年5月の時点で2億6000万ドルにものぼり、そのほとんどは個人からの少額寄付であった。

アメリカ以外にも、例えば、2010年に韓国の統一地方選挙において、当時北朝鮮への強硬姿勢を見せた与党ハンナラ党（現セヌリ党）に反対するために芸能人や文化人を始め、多くの人のTwitterでの呼びかけによって普段は選挙に行かない若者たちが大挙して投票に押し

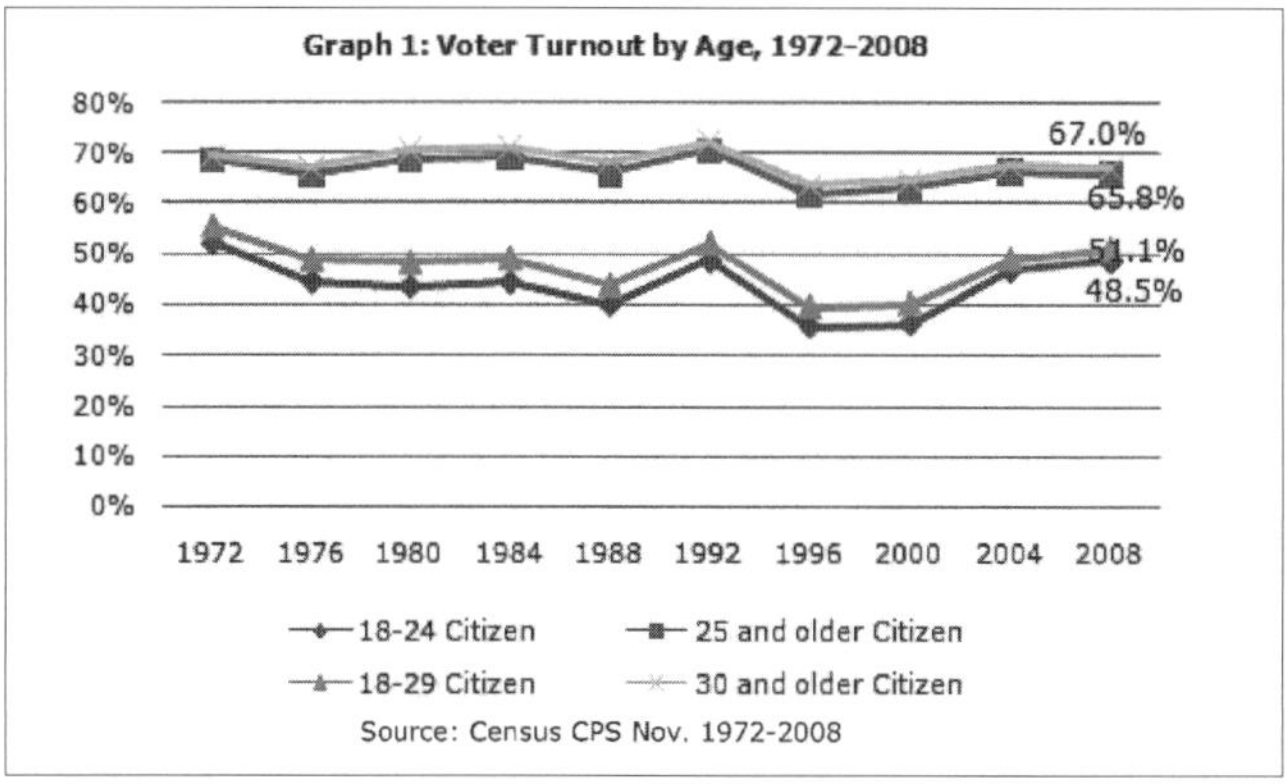

2-02　アメリカ大統領選における投票率の推移（注15を参考に作成）

かけた。その結果、与党が大敗し、党の代表が辞任するまでに発展した。

ソーシャルメディアによるつながりとその発露としての社会参加は第1章でも紹介した「アラブの春」や東日本大震災におけるさまざまな復興支援、あるいは原発反対のデモ以外にも、広がる経済格差への不満を示し、「我々は99％」というスローガンを掲げて広がったアメリカでの「ウォール街を占拠せよ(Occupy Wall Street)」デモなどもある。

これら一連の社会参加は、ソーシャルメディア上に端を発したものである。ソーシャルメディアはすでに知っている人同士の「つながり」を強化したわけではなく、見ず知らずの人たちを結びつけた。さらに、そのつながった人たちがネット上で議論や情報を交わしているだけではなく、「実際に」行動を起こしたことがポイントである。

すなわち、ソーシャルメディアで形成された「つながり」が実際の社会参加につながるケースが増えてきたということである。これは、第1章でも述べたように、ソーシャルメディアの普及がコミュニケーションの「閾値」の低下をもたらし、つながるだけではなく、社会参加への「閾値」をも下げた結果だと言えるだろう。

2　ネットワーク論の不思議

２００７年、アメリカの国立心臓・肺・血液研究所（ＮＨＬＢＩ）によって1万２０００人以上を対象に30年以上継続的に行われてきた調査から「The Spread of Obesity in a Large Social Network over 32 Years（大規模ソーシャルネットワークにおける32年間の肥満の拡大について）」という論文が発表された。そこで示されたのは友人が肥満になった場合、自分も肥満になる可能性が57％増加するということであった。また同様に成人の兄弟であればもう一人の兄弟は40％、配偶者ではもう一人が37％、それぞれ肥満になる確率が増加するということであった。肥満は基本的にその人の食べ過ぎが問題であり、周りに肥満の人がいるかどうかとはあまり関係がないように思えるが、この調査はそうではないことを示した。つまり、肥満はその人の周りにどのような人がいるか、という社会的ネットワークの影響を受けているのである。

ネットワークって何？

先ほどまで見てきたソーシャル・キャピタルは人と人とのつながり自体に注目した概念であった。それでは具体的に人と人はどのようにつながっているのだろうか。家族や友人など自分とつながっている人を思い描いて欲しい。例えばあなた自身を一つの点として、そのつながっている友人A～Dと線を結んでみると2―03上のようになるだろう。友人Aはあなた以外にどのようなつながりを持っているだろうか。友人Aはあなた以外にさまざまなつながりを持っているかも知れないし、あなただけが友人かも知れない。例えば、友人Aは三人の友人を持っていたとしてみると、2―03下のようになる。

このように人間関係は点（ノード）と線（エッジ）で描くことができる[16]。このように点と線の集合で描かれたネットワークは人間関係だけではなく、食物連鎖、航空路線、インターネットなどさまざまなところに見出すことができる。

点（ノード）と線（エッジ）の関係を考察するグラフ理論の歴史は古く、その登場のきっかけとなった「ケーニヒスベルクの七つの橋」問題は18世紀にまで遡る。当時プロイセンの首都であったケーニヒスベルクには川と中州があり、それぞれ七つの橋でつながっていた。そこで、ケーニヒスベルクの任意のある地点から出発し、七つの橋を一度だけ通り、元の場所に戻ってくることができるか、という問いが「ケーニヒスベルクの七つの橋」問題である。この問題に

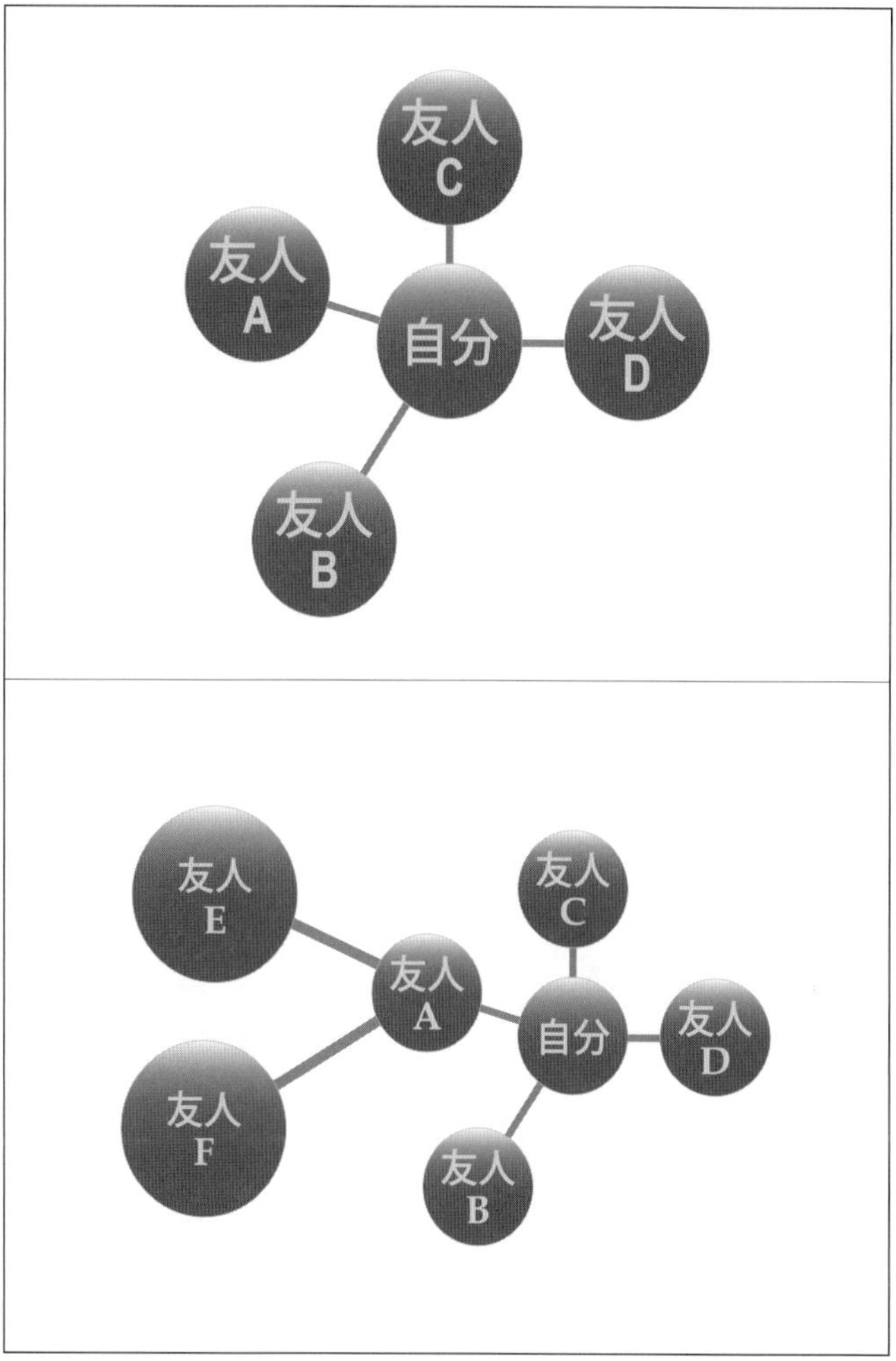

2-03　友人とのつながり

対して、数学者・物理学者オイラーは陸地をノード、七つの橋をエッジとしてグラフを書き、それが一筆書きできるか、という問題に置き換えて解答した。

グラフ理論はこのように経路を考える問題から出発しており、それの派生とも言えるネットワーク論は社会学者というよりも、数学者や物理学者などが中心となって研究を進めてきた。特に90年代以降コンピュータ、インターネットの発展により、さまざまなデータが扱えるようになったために路線図や生物界での食物連鎖、また電力網などその応用範囲を広げていった。

ネットワーク論はこうしたネットワークの構造についての研究であるが、ネットワークの構造を分析することでネットワークを構成する点がどのような性質を持っているか、ではなくネットワーク全体がどのような性質を持つのか、が見えてくるようになった。人間関係に置き換えると、個々人がどのよう人なのかではなく、その人を含むつながり、すなわちネットワーク全体としての性質が見えてくるようになった。そして、実は私たちはネットワーク全体の影響を多分に受けていることが分かってきたのである。

スモールワールド
グラフ理論やネットワーク論などで人間関係を分析できるようになったが、こうした分析の中で最も有名な問題の一つが、なぜ「世間は狭い」のだろうという問題である。たまたま出会った人と共通の知人や友人がいたという経験は多くの人が持っているだろう。私たちは「世間は狭い」ということは直感的には感じているのだが「なぜ狭いのか」という疑問には長い間答えられずにいたのである。

「世間は狭い」ということを実証的に示したものとして1960年代に行われたアメリカの心理学者S・ミルグラム[17]の実験がある。実験の手順は以下のようなものだった。ランダムに選ばれた人に、特定のある人（実験では株の仲買人）に手紙を届けて欲しい、そして、その人を直接知らない場合は「直接知っている可能性のありそうな人」に転送して欲しい、というものであった。結果は平均するとはじめに渡された人からおおよそ6つのステップで目標となる人へ届いたというものであった。こうしたミルグラムの実験は社会において人と人とのネットワークを見たときに、おおよそ6つのステップでつながるという「スモールワールド」が形成されている可能性を示した。例えば、全ての人に知り合いが30人いたとしよう。自分から見ると、「知り合いの知り合い」は30の2乗で900人となる。さらに「知り合いの知り合いの知り合い」は30の3乗で2万7000人となる。これが6つのステップ、すなわち30の6乗となると7億2900万となり、約7億である。もちろん、世界の総人口には及ばないものの、いわゆる「友だち100人できるかな」を実現している人が多ければ、世界は本当にスモールワールドと言えるだろう。

しかしこうしたスモールワールドの説明には見落としている点があることも指摘しておかなければならない。それはネットワークにおける「クラスター」をどのように考えるかという問題である。クラスターとはぶどうなどの「房」という意味で、いくつか集団として集まってひとつの固まりを形成している状態を指す。近年ではFacebookやTwitterなどのソーシャル・メディア上のネットワークにおいても、「〇〇クラスター」というような使われる。この場合、「〇〇」に関心がある人たちの集まり、つながりという意味で用いられている。人と人とのネットワークにおけるクラスター性とは一言で言うと、自分の友人同士もまた友人関係である可能性が高いということである。例えば、日本人のある人の友人100人を考えると、その内訳の多くは日本人で、また自分と近しい出身地や趣味を共有している人である可能性が高い。そのため、あなたの知り合い二人をランダムに選んだ場合、その二人が知り合いである確率は低くはないはずである。また、現実的な社会における人間関係のネットワークを考えた場合、完全にランダムな選択によって関係を作っているわけではなく、家族や学校、サークル、バイト、会社など何らかの集団の中でのネットワークを形成している場合が多いため、あなたの知り合い同士もまた知り合いである確率も高くなるのである。

これらを踏まえると、ミルグラムが実験で示した結果が示唆したのは単に世間は狭いというだけではなく、私たちの人間関係のネットワークにはクラスター性があるにも関わらず、ど

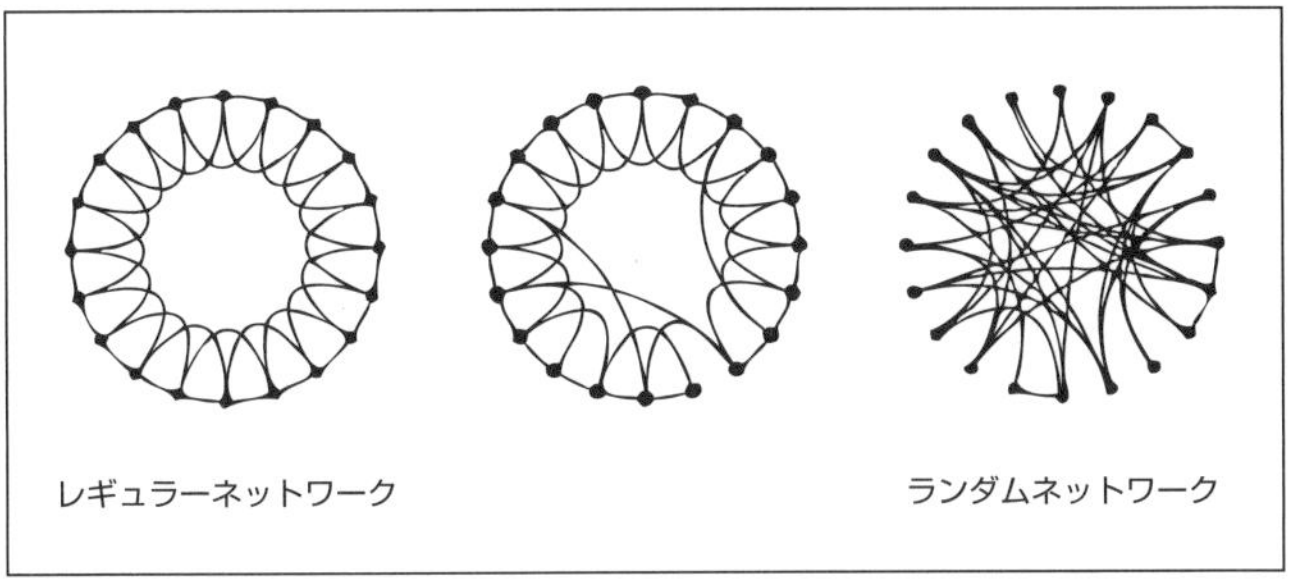

2-04　ネットワーク・モデルとランダム性（"Small Worlds:The Dynamics of Networks Between Order and Randomness" Princeton Univ Pr,2003 を参考に作成）

うして結果としてスモールワールドになるかという問題であった。アメリカの社会学者D・ワッツ[18]はこうした問題に対して、少数のランダムなリンクが存在することで、全く見知らぬ相手に届くまでのステップ数（次数）が劇的に減ることを示した。2―04で示されているように「レギュラーネットワーク」は自分の隣と完全に規則正しくつながっている状態である。ノードは20であるので、20人のネットワークを表しており、自分と左右2人までが知り合いでありつながっている状態である。数えてみると、ある人からネットワークの逆側にいる人に到達するのに5つのステップが必要である。20人のネットワークでステップ数が5では、地球の裏側にいる人まで6次でつながっているスモールワールドを説明できそうにない。

一方で、ランダムネットワークはネットワーク全体からランダムに選択された人とネットワークをつなげる

（知り合いになる）というモデルである。ランダムネットワークでは特定の誰かに到達するまでのステップ数はレギュラーネットワークよりはるかに少ない。これは世界中の誰とでもランダムにつながっていることを示しているが、先にも述べたように現実社会における人間関係にはクラスター性があるため、現実的なモデルとは言いがたい。

こうして見ると、レギュラーネットワークでもランダムネットワークでも現実社会のスモールワールドを説明するのは難しそうである。ワッツはこうした問題に対し、レギュラーネットワークにいくつかのランダムなつながりが入ることで、レギュラーネットワークでもランダムネットワークでもないスモールワールドのモデルを提示した。ランダムなつながりはクラスターの中から外への「意外なつながり」であり、目的までの道のりをショートカットでき、ステップ数を劇的に減らすことができる存在である。例えば、あなたが全く見知らぬブラジルに住むある人物に手紙を届けることを考えてみよう。自分の周りに誰かブラジルから来た人がいたらその人に渡すだろうし、またそういう人がいなければ、ブラジル人でなくてもブラジル音楽が好きとか、ブラジル料理店で働いているとか何か「ブラジルに関係していそうな人」を探すはずである。周りにそういう人がいなければ、そうした「ブラジルに関係していそうな人を知っていそうな人」をクラスターの中で探すだろう。自分の普段つきあう人の中からブラジルに関係する、あるいは関係しそうな人がワッツの言うランダムなつながりを持ち、目的までのステップ数を劇的に減らすことのできる可能性のある人ということになる。

こうしたランダムなつながりを現実的に見つけることができそうなのは、私たちが多くの場合、複数のクラスターに属していることによるだろう。この場合、クラスターはコミュニティや集団と言い換えてもいい。一人の人間は一つのクラスターにだけ参加しているわけではない。家族、親戚というクラスター、学校や会社というクラスター、趣味や習い事といったクラスターなど複数のクラスターに属しているのである。先程のブラジルに住む人とのつながりを考える例でも、自分の会社の同僚にはブラジルから来た人がいなかったとしても、同僚の所属している趣味の音楽サークルにはブラジルから来た人がいるかも知れない。こうした複数のクラスターに所属していることが、意外なつながりを見出せる可能性を高め、総体としてスモールワールドが形成されていると考えられるのである。

２０１１年にFacebookが実施した調査によると、約7億人にものぼるアクティブユーザーを対象に分析したところ、任意の二人をつなぐために間にいるユーザー数は平均で３・74人という結果になった[19]。また同調査では、すべてのペアのうち84％は同じ国内の人同士であったことも分かった。そういった意味で、クラスター性と少数のランダムなリンクで全く知らない相手までのステップ数が少なくて済んでいるというスモールワールドがFacebookでも成り立っている可能性を示している。そして、それは6次の隔たりと言われる現実世界よりも小さい

「スモールワールド」であることも示唆されている。

ネットワークにおける「マタイ効果」

ワッツはスモールワールドを説明するスモールワールド・ネットワークのモデルを提案したが、それでは人間関係のネットワークがすべてスモールワールド・ネットワークで説明できるかと言うとそうでもない。先ほどスモールワールド・ネットワークのモデルを示した2―04の図ではすべてのノードに同じ数のエッジがある、つまり、どの人も同じ数の友人がいるという想定である。しかし、実際は、友人の数は人によって様々である。数人の仲の良い友人と過ごしている人もいれば、何百人、何千人と知り合いがいる顔の広い人もいるだろう。

一般的に社会にあるさまざまなデータは平均値の付近に多くが集まる正規分布になることが多いと考えられる。例えば、身長について考えてみよう。日本人の平均身長が160cmだったとすると、多くの人がその160cm前後に収まり、身長が10mの人や3cmのように、極端に高い人や低い人はいない。それでは友人の数に関してもこのような正規分布になるのだろうか。

物理学者A・バラバシとR・アルバート[20]は調査からネットワークは必ずしも正規分布になっていないということを指摘した。彼らが発見し、注目したのは「ハブ」と呼ばれる存在である。

先程も述べたように、私達の身の回りには顔の広い友人が存在する。この顔の広い友人がネットワークのハブであり、スモールワールドを実現させているのだというのが彼らの提唱したモデルである。

彼らはインターネットのネットワーク構造についての調査によって、そこで見られるネットワークの性質は、ハブと呼ばれる存在がありノード一つ一つが持つリンクの数はべき乗に従って分布すると考えた。彼らはランダムネットワーク・モデルが前提としている二つの点、すなわち、①多数のノードがすでに存在していると考えること、②すべてのノードが平等であること、に疑問を投げかけた。確かに、これまでのモデルはグラフ理論も含めて、すでにノードが多数存在している中で、それらがどのようにつながっているのかを考えるものであった。しかし、ネットワークはある日突然生まれるものではないし、生まれたらその状態で固定されるものでもない。そこで重要になってくるのはネットワークの成長と選択という概念である。バラバシとアルバートの鋭いところはネットワークは成長していくということを想定し、そこに新たなノードがリンクをつくる時にどのノードを選択するか、そしてその結果、どのようなネットワーク構造になるのかということをモデルに取り入れた点にある。

例えば、インターネットで新たなｗｅｂページを作成した時を考えよう。そのｗｅｂページの制作者はそこで作りたいコミュニティの種類や規模はどうであれ、自分のページの認知度を上げ、訪問してくれる人をなるべく増やしたいと思っているだろう。しかし、できたばかりの自分のｗｅｂページにリンクしてくれるページはゼロである。自分のページの認知度を挙げていくためには、自分からリンクを張っていくことになるが、リンクを張っていく際にリンク先を選ぶ基準として、例えば「Yahoo !」のように誰もが知っている人気ページにリンクを張るほうが有利である。相手がそれを認めて、掲載してくれれば、そこで自分のページの存在を知ってくれて、訪問する人も出てくるかも知れない。

逆に人気のあるｗｅｂページを考えてみよう。今述べたように、広いインターネットの世界でリンク先として選ばれる理由は単純に人気があるからである。そして、人気のあるものは人気があるからという理由でますます人気になる。このようなサイクルは「マタイ効果」と呼ばれている。「マタイ効果」とは新約聖書「マタイによる福音書」で「持っている人は与えられて、いよいよ豊かになるが、持っていない人は、持っているものまでも取り上げられるであろう」ということにちなんだ言い回しである。人間関係においても同様で、例えば、私たちは異業種交流会などに初めて参加したときにどういった人と友人や知り合いになろうとするだろうか。おそらく、その場で中心的な人物と知り合いになろうとするだろう。なぜなら、その人にはすでにたくさんの知り合いや友人がいて、その人と知り合いになることで自分の認知度が上がったり、その人の持つ広い交友関係を使えたりすることが期待できるからである。

別の例として、高速道路網と航空路線網をそれぞれネットワークとして考えてみよう。街、空港をノード、そして道路、路線をエッジと考えてネットワークを考える。次ページ2―06からも分かるように、高速道路網は街と街をつないでいるが、例えば東京や大阪といった大都市に集中しているわけではない。すなわち、高速道路においてはハブとなる存在がない。一方で、次ページ2―05からも分かるように航空路線網は東京の羽田や大阪の伊丹といった大都市の空港にその他の地方空港からの路線が集中している。つまり、その大都市の空港が航空路線というネットワークにおけるハブとなっている。そして、逆に地方空港はそれらのハブ空港にだけつながっており、地方空港同士が路線でつながっていることはない。例えば、北海道の新千歳空港から沖縄の那覇空港に行くためには、直行便はなく、羽田、伊丹などを経由しないと行くことができない。どうしてこうした構造の違いが出るのか。

政治的な思惑などは置いておくとして、純粋にネットワーク的に考えてみると、航空路線図は前述した「マタイ効果」の結果と言える。各地方都市からすると、乗客数などを考えてまずどの空港とつながるかと言うと、他の地方都市ではなく、東京や大阪といった大都市になるだろう。そして、東京や大阪といった大都市に他の地方都市からの路線が多く乗り入れるようになると、各地方都市はそれぞれ地方都市に路線を飛ばすのではなく、東京や大阪を経由していったほうが効率的となる。こうして東京や大阪といった大都市は地方都市からの路線を集め、

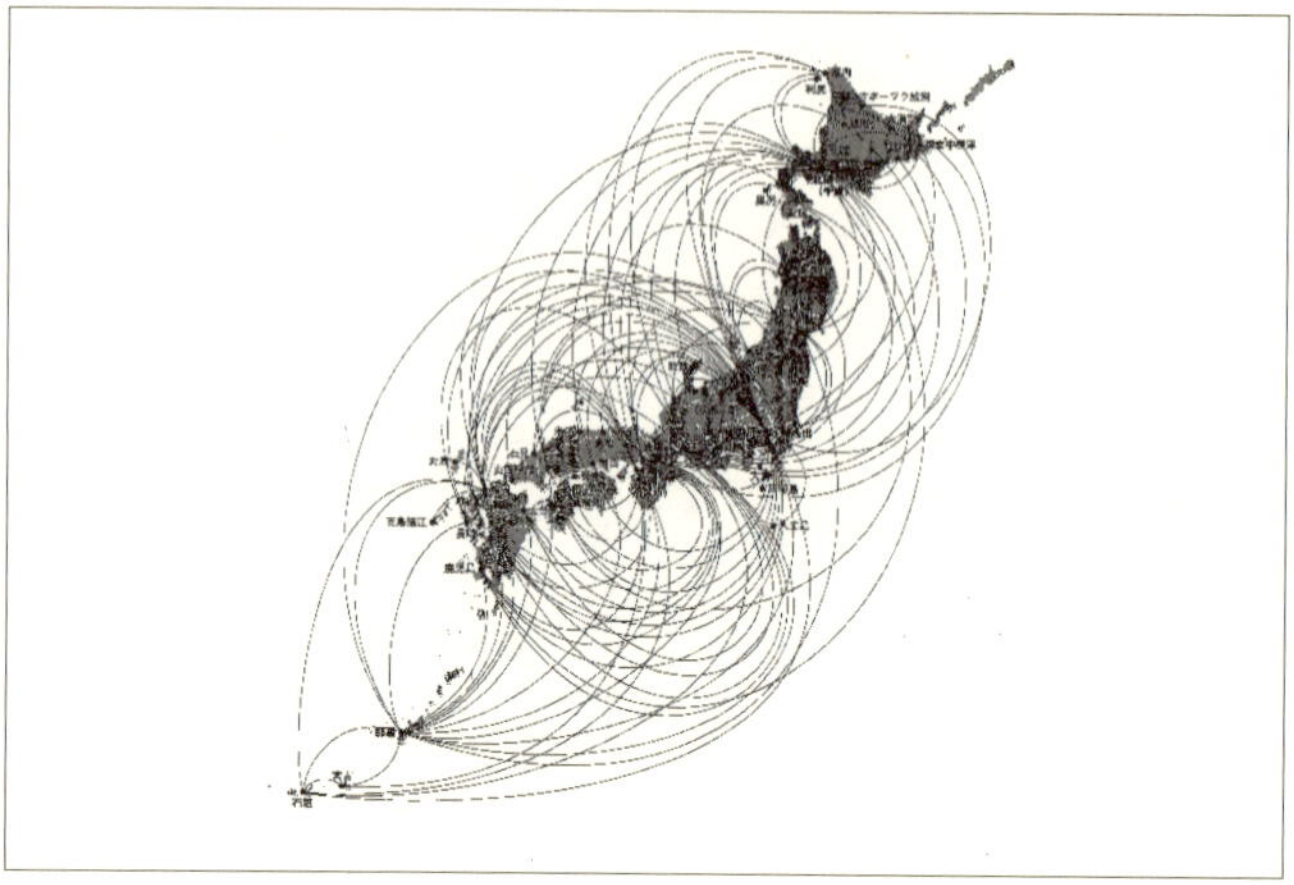

2-05　航空路線図

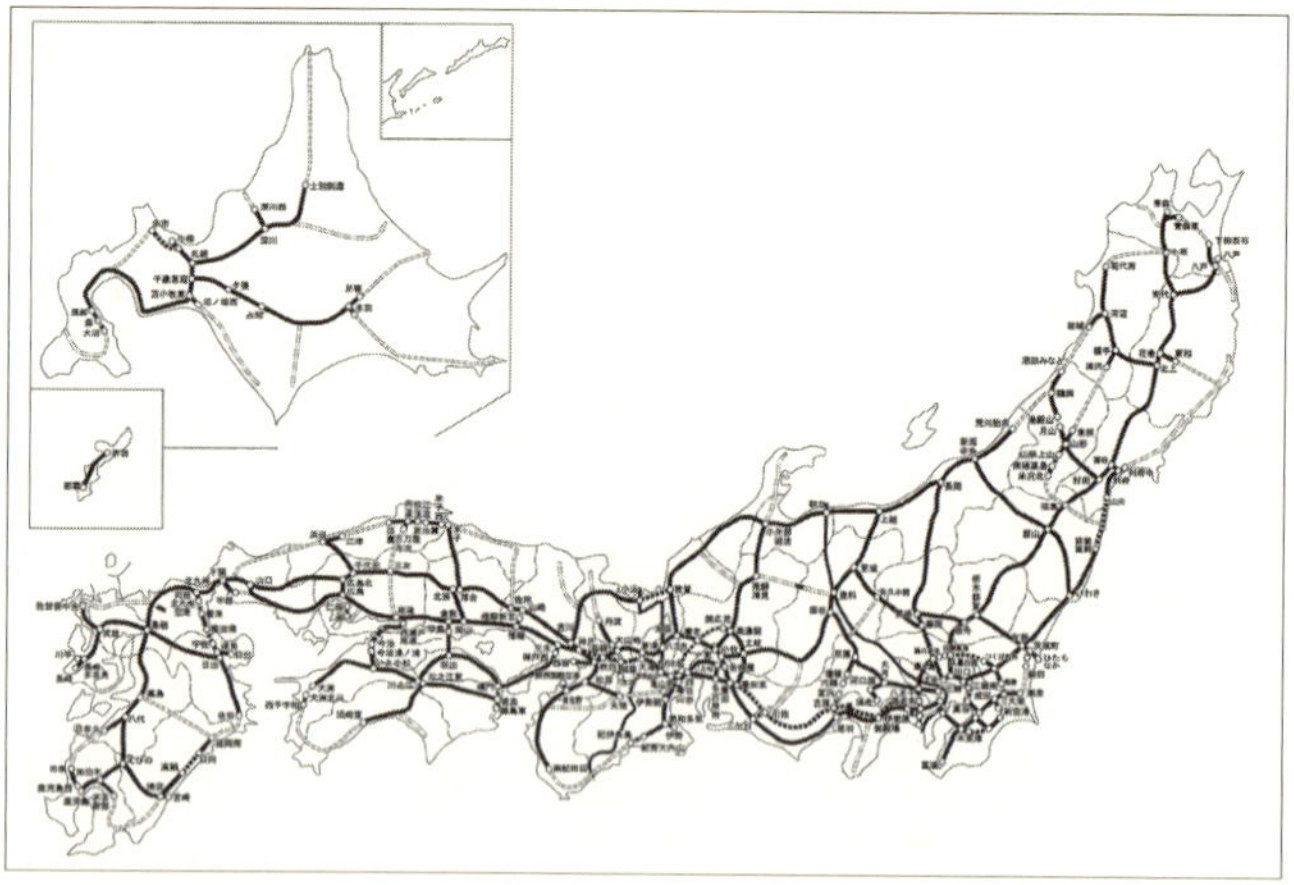

2-06　高速道路網

ハブ空港となるのである。一方で、高速道路網にこうした「マタイ効果」は発揮されない。というのも、高速道路網は物理的な問題から、各地方都市は東京や大阪といった大都市に直接的につながりたくても、自分の近隣と結ばなければならない。そのため、前述したレギュラーネットワークに近い構造となるのである。

スケールフリー・ネットワーク

ネットワークにおいてハブが存在し、さらにそのハブは新規参入してくるノードが増えれば増えるほど、マタイ効果で巨大なものになっていく。そのためネットワークのつながりの数は正規分布ではなくなる。リンク数を多く持っている順にノードを並べるとごく少数の多数のリンクを持つノードと、大多数のあまりリンクを持たないノードとに分かれて分布している。こうした構造はスケールフリー・ネットワークと呼ばれる。

このような分布は一般的にべき乗分布と呼ばれている（2—07参照）。べき乗分布はイタリアの経済学者パレートにちなんだ「パレートの法則」、また「パレートの法則」を経験則で語った「80対20の法則」などの名称でビジネスの分野などで多く用いられている。例えば、企業では20％の商品が80％の利益を生み出す、20％の人が80％の仕事をこなしている、といった類のものである。Amazon のビジネスを説明するために用いられた「ロングテール」などもこうしたべき乗分布に注目したものである。「ロングテール」のポイントは、従来のビジネスでは20％の商品が80％の利益を生み出すので、主力となる20％の商品に力を入れるべきであるが、インターネットを活用することで、在庫の種類を多く取り揃えることのコストが激減するため、分布の「テール（しっぽ）」となる部分を有効に使える、という点である。

人口に膾炙しているのは「80対20の法則」かも知れないし、これらを分析するための数学モデルなどはさまざまなバージョンがあり、厳密な定義としては異なるかも知れないが、スケールフリー・ネットワークの重要なポイントは少数が大半を占めるという性質である。

こうしたスケールフリー・ネットワークの構造を考えるために、試しに筆者自身のFacebookにおけるネットワークを例に挙げて考えてみよう。２０１１年の時点で、Facebook上で筆者の友人は１５８人いる。その中には研究上での知り合いや、大学の学生、高校からの友人などさまざまな人間関係が含まれている。それでは、それぞれどれくらい友人がいるのだろうか。実際に友人たちのページにアクセスしてそこに表示される友人数を調べてみた。プライバシーの関係で表示されない3人をのぞいた１５５人の友人の中で、最も多く友人を持っている人は２２９８人もの友人とのリンクを持っていた。一方で、最も少ない友人数は一人であった。もちろん一人と言っても現実社会でもそうということではなく、その人のFacebook上での活動が活発ではないということに過ぎない。また、こうした友人数の平均を計算して

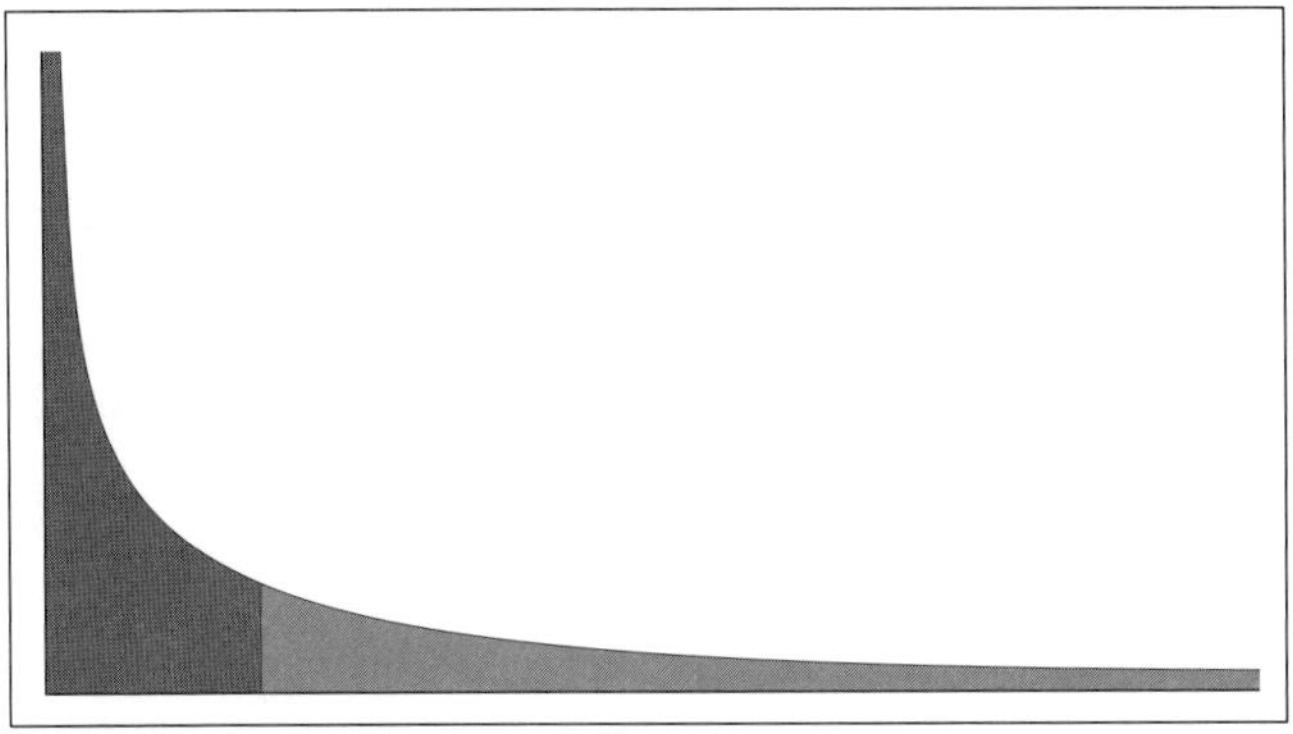

2-07　べき乗分布の例

みると151・5人となった。一人は2000人を超す友人とつながっており、その次に友人と多くつながっている人の友人数は971人であった。他にも、120〜180名の規模の友人数を持つ人は13人に過ぎず、平均である150人程度の友人数を持つ人はあまりいないことが示された。また、100名以下の友人数を持つ人は92名と全体の60％にものぼる。さらに彼ら彼女らの友人数を合計すると（もちろん重複はあるだろうが）2万3477人であった。友人とつながっている数上位5％までで、この2万3477人のうちの33％を、また20％までで約66％を占めている。このように、筆者の友人の数はFacebook上の友人たちを見ても、彼ら彼女らが持つ友人の数はFacebook上の活動を活発にしている、していない、という差はあるかも知れないが、正規分布ではなく、べき乗分布となっている。

このように、スケールフリーとなっているネットワークは私たちの周りには多く存在するのである。例えば、前述した「Occupy Wall Street（ウォール街を占拠せよ）」デモでは、参加者が自分たちは「99％」であるとして、経済格差の解消や失業問題への対策を訴えていた。つまり、アメリカにおいて1％の金融界を中心とした富裕層が富を独占しているために、99％の市民は失業し、困窮しているというのが彼らの主張である。そういった意味で「Occupy Wall Street」デモはまさしく、富のべき乗分布への不満の表明だったと言えるだろう。

ただしここまで見てきたように、ノードがそれぞれどのようにリンクを決定するのか、そしてそれによるネットワークの成長の結果、スケールフリーになるとは言え、そこには限界が生じる。なぜなら、現実には規模の上限があるネットワークも存在するからである。webページなどであれば、どれだけリンクが増えても問題ないかも知れないが、先ほどの航空路線を考えるといくらハブ空港であるとは言え、何便でも発着できるわけではない。また友人関係において、いくら浅くといっても何万人何十万人もの人を友人として認知し、付き合うことは現実には難しい。つまり、当たり前ではあるが、ネットワークの形成し、維持していくためにはその規模に応じたコストや労力がかかるのである。自分の友人ネットワークを広げるという戦略は確かに情報収集やさまざまなチャンスを得るためには有効かも知れないが、その維持にかかるコストを考えると、ネットワークのハブとなっている友人とうまくつきあうというのも労力やコストという意味では一つの有効な戦略となりうるのである。

3 「つながり」とコミュニケーションがどのように連動するか?

２０１１年６月にFacebookに対抗するかたちでGoogleによるＳＮＳ「Google+」がサービスを開始した。開始後、注目を集めたのは芸能人や政治家ではなく、一人の大学生であった。早稲田大学の学生、坂口綾優は２０１１年11月の段階で世界中から3万人近くユーザーが投稿をチェックしており、日本で一番人気のあるユーザーであった。その後も坂口さんをチェックする人は増え続け、２０１２年３月の段階では5万人にも達しようとしている。坂口さんは何か特別なことをしているというわけでもない。彼女は主にiPhoneで撮った写真を投稿している。記事や日記ではなく写真というところがひとつの秘訣である。写真は字を読む必要がなく、日本語の読めない海外からも多くの人が坂口さんのページをチェックし、コメントしている。

「100友」調査から見えてくるもの

ここまでソーシャル・キャピタル論、ネットワーク論といった「つながり」の研究について概観してきた。それではこれらの要素がデジタル・ネイティブたちのコミュニケーションとどのように関連しているのであろうか。ひとつの手がかりとして2011年9月に電通が行った「SNS100友調査」を見てみよう。[21] この調査はmixi, Facebook, Twitterなどのソーシャルメディアで100人以上の友人を持っている15～37歳を対象に行われたもので、予備調査では1万人以上の調査対象者の中にソーシャルメディアを介したネットワークの「ハブ」になっていると考えられる100人以上の友人を持つ「100友」は約14%いたことが示された。

こうした「100友」のネットワークはどのようになっているのだろうか。「100友」のソーシャルメディア上での平均友人数は256人であり、交流しているコミュニティの平均は12である。どのようなコミュニティに参加しているのかを見てみると、「趣味」つながりが65%、「学校」つながりが54%、「地元や家族」つながりが40%となっている。「ネットだけの友達」は、おそらくTwitterであろうと考えられる「大手ミニブログ」では64%であるが、mixiと考えられる「国内大手SNSサービス」では22%にとどまっている。広告プロデューサーの高広伯彦はこうしたソーシャル・メディアにおけるつながり方について、mixiはクローズドなソーシャルネットワーク、Twitterはオープンなソーシャルネットワーク、そして

Facebookはセミオープンなソーシャルネットワークと位置づけている。[22] 例えば、Twitterでは自分は本名を名乗らなくてもアカウントを作ることができる。そして、直接知らない人を気軽に「フォロー」でき、ネット上でしか知らないつながりもあるため、オープンなネットワークを形成することができる。mixiでもTwitterと同様に本名を名乗らなくてもアカウントを作ることができるが、ニックネームであってもmixiではすでにリアルな社会で直接的に知っている人とつながっていることが多いため、クローズドなネットワークになる傾向にある。「100友」の調査結果はこうした区分をTwitterとmixiに関しては裏付けていると言えるだろう。

ネット上での振る舞い方を見てみると、コミュニティのメンバーには自分との共通点があり、またネット上での関係のために「リアルより人間関係が楽」と思われがちであるが、実際に「楽である」と答えたのは20%であった。ネット上だからといってリアルな人間関係から完全にフリーになれるということではなく、むしろリアルな関係と同様に、「なるべく空気を読む」が44%、「なるべく相手と合わせる」が25%、「なるべくみんなで盛り上がる」が22%となっており、コミュニティにおける「ノリ」を重視する傾向が見られる。このようにコミュニティ内でのコミュニケーションがうまくいくようにするために、「相手ごとにキャラを変える」人も17%存在する。結局、そうしたコミュニティにおいても「本当の自分を出せる」のは13%にとどまっている。

「100友」は自分がネット上で発信する情報は平均すると2825人に届いていると考えている。彼ら彼女らは比較的、情報発信も多い層であると考えられるが、その情報発信の仕方は興味深い。ソーシャルメディアの中でミニブログを最もよく使う「ミニブログ愛用者」は94％が Twitter で言うリツイートなど「他人の発言を引用している」と答えているが、その利用法としては「そのまま引用することが多い」が60％になっている。そして「そのまま引用することが多い」のは「ただ伝えたい・共有したい」(62％) からであった。そうした人が情報を広げた際にうれしいと思うのは「ウケた時」(53％)、「共感できた時」(51％) と答えている。このように Twitter を中心としたミニブログにおいて、ネットワークのハブとも言える「100友」であるが、その中心的な役割は自分の情報を発信するというよりも、情報を取捨選択し、中継し、発信することにあると言える。[23] そして発信された情報は「100友」がハブとなっているコミュニティの中でそのまま回覧され、コミュニティ全体でウケたり、あるいは共感されたりしているのである。

ネタ消費は悪か？

こうした情報の広がり方は起承転結があると言われている線香花火の燃え方に似ている。燃え方の起承転結とは、まず、ひとつの火種から小さい火花が撒き散るように燃える。その後、徐々に火花が流れ、最後は小さな火花と共に消えていく。実際、ほとんどの情報はコミュニティの外に出ていくこともなく、またコミュニティ内でリツイートが果てしなく繰り返されることもない。最初のうちに広くツイートがウケて、共感され、それが徐々に収まり一つの話題が終わる。Twitter や Google の検索ワードの広がりを分析するとこうしたパターンを取ることが多い。このようにソーシャルメディア上の情報の中には、尽きることのない「ネタ」としてコミュニティ内でのつながりを確認するための共感の燃料として消費されているものもある。

　鈴木謙介は『カーニヴァル化する社会』（講談社現代新書、２００５）の中で、若者たちのこうした「ネタ」の消費を「カーニヴァル」として捉えた。鈴木はその場その時限りで盛り上がる「カーニヴァル」の具体例として2ちゃんねるの「祭り」を取り上げる。匿名のユーザーたちが特定の「イベント」で盛り上がるが、それはそこに参加することで自分たちの「共同性[24]」への帰属意識を形成・維持するためである。その背景には、ケータイやインターネットの普及による自己監視社会、データベース化があり、私たちは常に周りの目を気にしながら自分がどのようなキャラで、どのように振る舞えば良いのかを考えることで、「自分」というものを構築していくと説明する。そういった意味で、「カーニヴァル」の燃料となる「ネタ」はコミュニティ内でのつながりを確認するための共感を呼ぶためであって、逆にウケたり共感したりできるものであれば下品なもの、あるいは不真面目なものから、感動的なものまでその種類は問われない。

ネット上の「炎上事件」などもこうした「ネタ」の一つと言える。政治家や芸能人、スポーツ選手などいわゆる有名人の発言が元で「炎上」することもあるが、こうした人達はもともとその発言をチェックされている人たちが多い。ところが、近年では一般人のプライベートな発言もどこからかキャッチされ、「炎上」することも多い。例えば、２０１１年9月にはある女子大学生が「Twitter」で男性との不倫を自慢したことが原因で「炎上」した。また10月には他の女子大学生が合コン後にファーストフードで食事していた男性を無断撮影し、「キモい」とブログに書いたことが原因で「炎上」した。「炎上」によって、これまでの発言や写真なども掘り起こされ、彼ら彼女たちの名前や住所、内定先、恋人、家族までもが「晒され」てしまう。もしかしたらこの人たちは普段から会話でそんなことを言っているのかも知れないが、それはあくまでも仲間内でのプライベートな会話であり、他の多くの人たちに言って聞かせるつもりはないだろう。プライベートな会話のつもりでつい「うっかり」「何の気なしに」ソーシャルメディアに書いてしまったことが「炎上」につながったのである。

第1章でも指摘したように、ケータイ、そしてソーシャルメディアの普及によってコミュニケーションの「閾値」が下がったことで、コミュニケーションの環境が変わり、流通するメッセージが増大した。その結果、「コンサマトリー」なコミュニケーションのために多くのメッセージを発信するが、「炎上」のように当人には気が付かないうちに「ネタ」を提供してしまうという事例も多く見られるようになった。またそれに加え、コミュニケーションの中心がソーシャルメディアに移っているが、ソーシャルメディア上のコミュニケーションはある程度オープンであり、外からも見ることができるという要素も背景として指摘できるだろう。

しかし、一方で「ネタ」や「炎上」が常にネガティブか、というと必ずしもそうではない。東日本大震災後、節電を呼びかける「ヤシマ作戦」などはポジティブな意味での「ネタ」であり、「炎上」であったと言えるだろう。電通はソーシャルメディア時代の生活者消費行動のモデルとして、これまでのAIDMA、AISAS[25]以外に「SIPS」を提唱している（2―08参照）。SIPSはそれぞれS：Sympathize（共感する）、I：Identify（確認する）、P：Participate（参加する）、S：Share & Spread（共有・拡散する）を意味する。SIPSは消費行動のモデルとして提唱されているが、モノを消費することに対して貪欲ではなくなったソーシャルメディア時代においては、ポジティブな意味での「ネタ」、「炎上」なども含めた一般的な情報の拡散・反応・行動モデルとしても捉えることができるのである。

2012年3月に発表されたNTTアドによる「ポスト3・11に関する調査」では、東日本大震災以降、Twitter のフォロワーが300人以上いる「20代ソーシャル志向者」が何を重

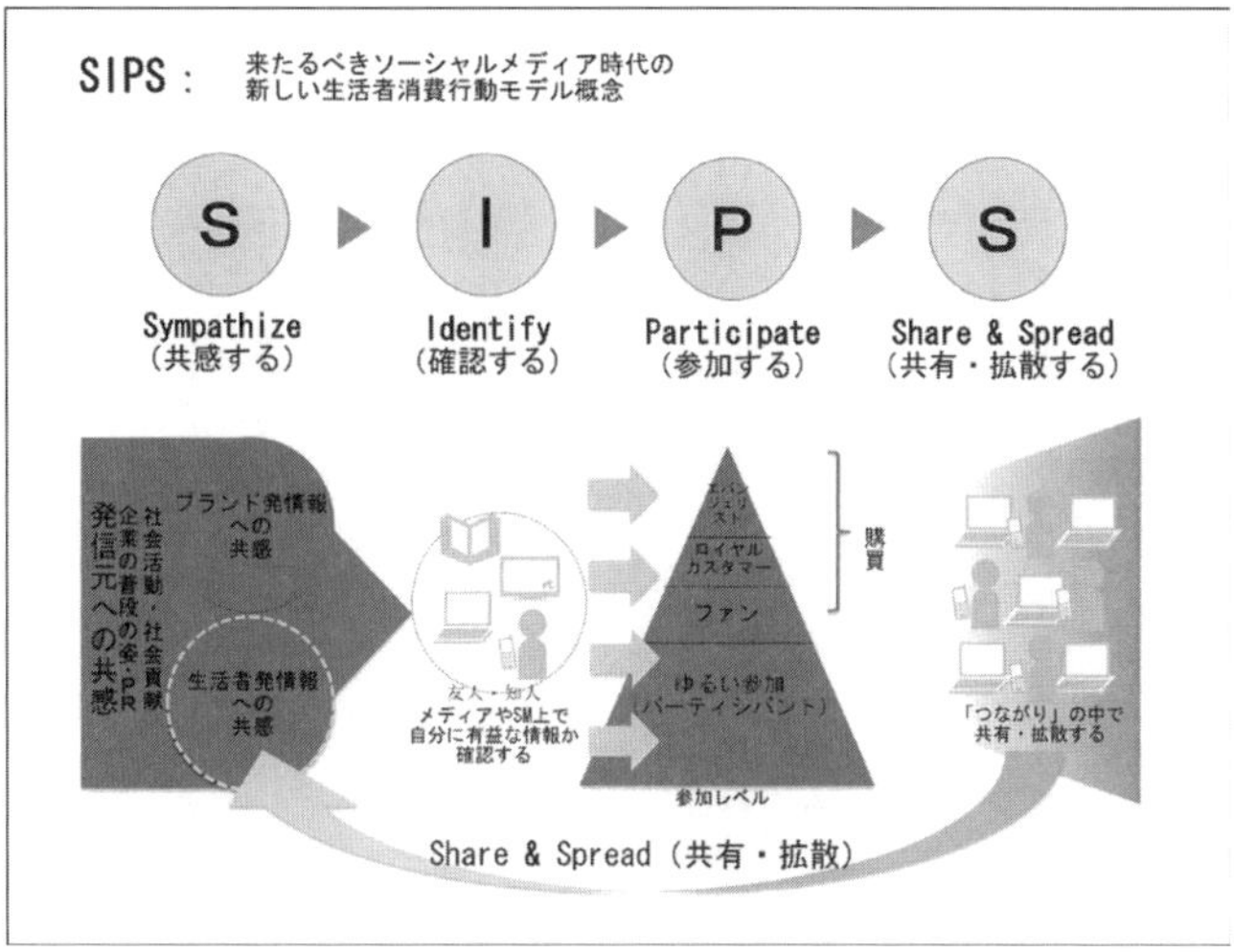

2-08　SIPSモデル（電通発表資料より転載）

視するようになったのかについて、特にコミュニケーションに関しては価値観の幅広い共有を重視していることが示された。例えば、「会社関係よりも、それ以外の人と飲みに行く機会が多い」のは全体で29・9％であったのに対して、「20代ソーシャル志向者」の62・5％が震災に関わらず重視していた。また「同じ意見や考えを持つ仲間の輪を広げたい」のは全体の32・0％に対して55・0％（うち震災後に重視するようになったのは20・0％）が、「共感してくれる仲間を増やしたい」のは全体の33・7％に対して50・0％（うち震災後に重視するようになったのは12・5％）、「自分の意見や考えをできるだけ多くの人に知ってほしい」のは全体の23・4％に対して42・5％（うち震災後に重視するようになったのは10・0％）であった。

デジタル・ネイティブである「20代ソーシャル志向者」は震災後、空気を読みながらつながりを維持することだけではなく、誰かとつながっていること、他の人に見られることを前提にその上で何をするか、を考える段階に来ていると言える。そして、その「何」はネガティブなものではなく、むしろ社会貢献のようなポジティブなものが増えてきている。そういった意味で、空気を読むこと、「ネタ」を消費することは共同性を想起するものであり、自己を形成していくのと同時に、公共やコミュニティの利益にもなりうる可能性を示していると言えるだろう。もちろん、若者全員が「100友」や「20代ソーシャル志向者」ではなく、現在はまだ少数派に過ぎない。しかし、彼ら彼女らはそれぞれのネットワークのハブであり、ハブにつながっている人たちは彼ら彼女らの呼びかけ（ネタ）に同調しながら、共感・行動（炎上）するのであれば、ここまで見てきたような流れが一気に大きなものになっていく可能性は高いと考えられる。

コミュニティ、ネットワークにおけるバランスの重要性

先にも述べたようにパットナムはコミュニティ、組織で形成されるソーシャル・キャピタルを緊密なつながりを指す「強い紐帯」と緩やかなつながりである「弱い紐帯」とに分類した。

またネットワーク論の知見からネットワークには多くのリンクを持つハブという存在とそれにつながるネットワークの末端とがあり、それらがどのような構造になっているかを考察した。こうした研究が示しているのは、私たちが社会をうまく機能させるためにはコミュニティや組織においてうまくつながりを作り、維持していかなければならない、少なくともそうした方がベターである、ということである。

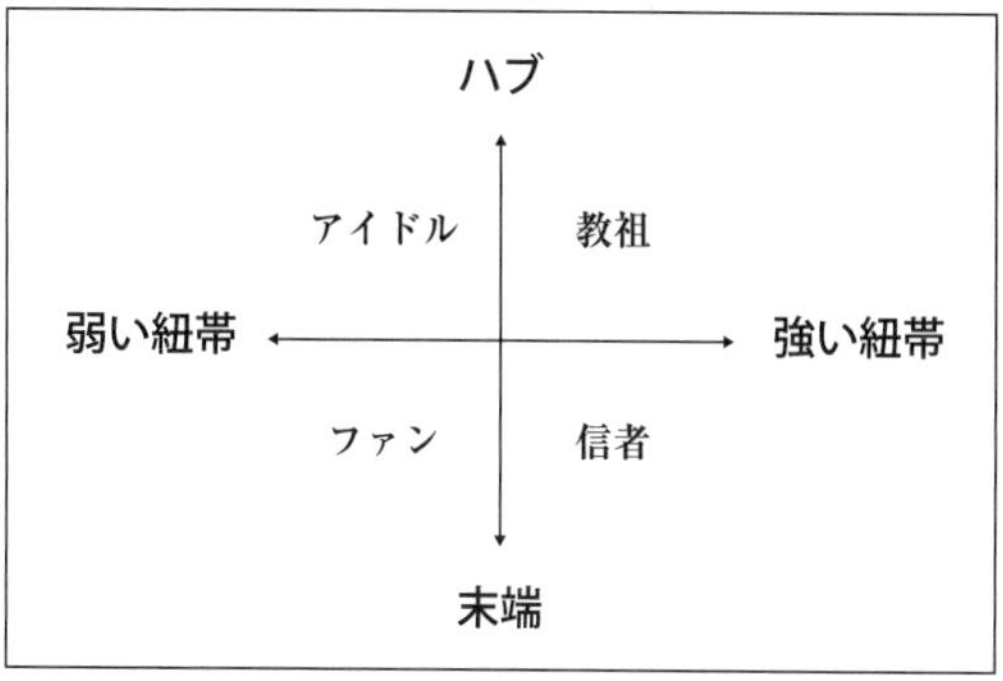

2-09　コミュニティ・組織における布置

もちろん、私たちはひとつのコミュニティ、組織にだけ所属しているわけではない。家族や会社、学校、町内会、サークルなどいくつものコミュニティ、組織に所属しているが、自分の所属しているすべてのコミュニティ、組織が「強い紐帯」を求めるというのは考えにくい。また同様に、私たちは所属しているコミュニティや組織それぞれで各々ポジションがあり、役割を果たしているが、すべてのコミュニティ、組織のネットワークにおいて自分がハブになっているというのも考えにくい。自分が所属しているコミュニティや組織は「強い紐帯」か「弱い紐帯」か、というソーシャル・キャピタルの視点、そしてそこでのネットワークのハブか末端か、というネットワーク構造の視点から分類すると2―09のように分類できるだろう。

密なつながりである「強い紐帯」においてハブになっている「教祖」は、そのコミュニティや組織におけるリーダー的な役割を担っている人である。逆にそうしたコミュニティや組織のネットワークで末端となっている「信者」は自分で取りまとめたりはしないが、参加・貢献を厭わない「よき構成員」として重要である。また、緩やかなつながりである「弱い紐帯」においてハブになっている人は「アイドル」として顔が広く、そのコミュニティや組織における構成員同士を結びつけ、潤滑油として機能する。そうしたコミュニティや組織におけるネットワークの末端を構成する「ファン」はハブによってつなげられた他の人とさまざまな情報を交換したり、一緒に活動に参加したりする。

先にも述べたように、私たちはさまざまなコミュニティや組織に所属している。しかし、例えば、自分が所属しているコミュニティや組織がすべて「強い紐帯」であり、密なつながりを求められるとそのすべてを維持することは難しくなるかも知れない。あるいは、どのコミュニティ、組織でも自分がハブであるならネットワークの維持に相当な努力が求められるだろう。ポイントは自分の所属しているコミュニティや組織がどのようなつながりであり、自分がネットワークでどういった位置づけなのかを理解し、使い分けていくことである。自分が「強い紐帯」にしか所属していないのであれば、「弱い紐帯」のコミュニティや組織に参加してみるのもいいだろう。また自分がどのコミュニティや組織でもネットワークの末端であるならば、ハブの役割を担うようなコミュニティや組織に参加するのもいいかも知れない。そうしたコミュニティや組織、ネットワークでのバランスを取ることで、無理をなくしながら、重層的につながりを形成・維持できるようになると考えられる。

デジタル・ネイティブたちはFacebookやTwitterなどのソーシャルメディアを使いながら、さまざまな形で柔軟につながりを形成し、維持している。そのつながりは何もネット上だけのつながりに限ったものではなく、従来のつながりにソーシャルメディアを持ち込むこと、ネット上のつながりを現実に持ち込むことも当たり前になっている。そのためデジタル・イミグランツからすると、彼ら彼女らのつながりは従来考えられているよりも濃いものであったり、逆に薄いものであったりする。しかし、第1章でも指摘したようにそのようにつながりをソーシャルメディアによって柔軟に編成していけることがデジタル・ネイティブたちにとっては「前提」であり、特徴なのである。

社会参加とソーシャル・キャピタル、ネットワーク

本章ではデジタル・ネイティブたちのコミュニケーションを理解するために重要な理論的な

土台であるソーシャル・キャピタル論とネットワーク論を概観し、その意義や可能性、あるいはその限界を考察した。

ソーシャル・キャピタルはコミュニティや社会、組織においてその成員同士が信頼や規範、価値観などを基盤につながることでその集団に便益をもたらしたり、その集団のパフォーマンスが上がったりする源泉となるものであった。ソーシャル・キャピタルにおけるつながりは「強い紐帯」と「弱い紐帯」に分類できる。「強い紐帯」は社会の接着剤として、また「弱い紐帯」は社会の潤滑油として捉えることができる。インターネットを中心とした電子的なつながりは、新しいつながりをつくり出すと言うよりも、既にあるつながりを強化するものであると見られていたが、２０００年以降のデジタル・ネイティブである若者を中心としたソーシャルメディアによるつながりはネット上だけではなく、実際の社会参加につながりうることもある。

ネットワーク論はネットワーク全体の構造とそれがどのような影響を与えているのかについて私たちにさまざまな示唆を与えてくれる。特にランダムなつながりが入ることでネットワーク内を短いステップでつなぐことができることを示したスモールワールドと、ネットワークに「成長」と「選択」という概念を導入し、非常に多くのリンクを持つハブが少数あるというモデルであるスケールフリーについて理解しておくことはインターネットを中心としたソーシャルメディアによるつながりを考える際にも重要である。

こうした考えを若者たちのコミュニケーションに当てはめてみよう。「100友」や「20代ソーシャル志向者」は自分の所属するコミュニティの空気を読んだり、共感を求めたりすることを重視していることが示された。確かに、仲間内での自己充足的なコミュニケーションは「内輪ウケ」にしか過ぎないかも知れないし、また「ネタ」を消費しながら「共同性」を確認する「炎上」は社会にポジティブな影響を与えているとは言えないかも知れない。しかし、オバマ支持が広がった2008年のアメリカ大統領選挙、2011年の「アラブの春」、東日本大震災などは、少なくとも若者を中心にソーシャルメディアを介したつながりが社会参加につながったという意味で、ポジティブな「ネタ」の「炎上」事例であったと言える。

1. ピエール・ブルデュー(1930〜2002)は『ディスクタシオン』『資本主義のハビトゥス』などの著作で知られるフランスの社会学者。特に教育と社会階級との関連に関心を寄せており、家庭において裕福かどうかという経済資本だけではなく、教養など文化資本もその子女の学歴の高さに関連しており、階級が再生産されることを示した。
2. ジェームズ・S・コールマン(1926〜1995)は『社会理論の基礎(上下)』などの著作で知られるアメリカの社会学者。教育社会学、公共政策などに関心を寄せており、ソーシャル・キャピタルという概念を使って本格的に社会学の研究を進めた。
3. ロバート・D・パットナム(1940〜)は『哲学する民主主義』『孤独なボウリング』などの著作で知

られるアメリカの政治学者。
4．ロバート・D・パットナム『孤独なボウリング』（柴内康文訳、柏書房、2006）403頁
5．前掲注4、14頁
6．マーク・グラノベッター（1943〜）は「弱い紐帯の強さ」を唱えたことで知られるアメリカの社会学者。
7．前掲注4、199〜201頁
8．前掲注4、276〜288頁
9．H・ラインゴールド『バーチャル・リアリティ』（ソフトバンククリエイティブ、1992）、『バーチャル・コミュニティ』（三田出版会、1995）など。
10．P・レヴィンソン『デジタル・マクルーハン』（服部桂訳、NTT出版、2000）では、マクルーハンの思想をテレビの時代よりも、むしろインターネットの時代に当てはまっていると主張している。
11．情報縁という捉え方は池田謙一（編）、川浦康至、北山聡、柴内康文、宮田加久子『ネットワーキング・コミュニティ』（東京大学出版会、1997）に詳しい。
12．前掲注4、213頁
13．前掲注4、217頁
14．宮田加久子『きずなをつなぐメディア―ネット時代の社会関係資本』（NTT出版、2005）
15．http://www.civicyouth.org/PopUps/FactSheets/FS_youth_Voting_2008_updated_6.22.pdf
16．グラフ理論、ネットワーク論の分析対象を人間関係に広げることでさまざまな知見が得られる一方で、一人ひとりの人間をすべてひとつの点（ノード）として処理してしまうために個性を無視していること、またソーシャル・キャピタルで言う「強い紐帯」「弱い紐帯」なども一様に線（エッジ）として処理してしまうという問題もあるが、こうした問題に関して本書では一旦置いて考察を進めたい。
17．スタンレー・ミルグラム（1933〜1984）はアメリカの心理学者。スモールワールドの実験と同様、あるいはそれ以上に人が権威に従う心理を実験で調査した「アイヒマン実験」で有名である。アイヒマン実験は電流を流す役割（実験の対象者）、電流を流されて苦しむ役割（実際には流されておらずサクラで

ある)、指示を出す役割、という役割分担がされ、指示を出す役割の人が、被験者に苦しんでいても電流を上げるように指示される。結果的には40人中25人が支持に従って、電流を最大まで挙げたという。このように、一般的な人でも権威に従って不合理な選択をしてしまうことを示した。

18. ダンカン・ワッツ(1971〜)はアメリカの社会学者。スモールワールドの構造を研究した。コロンビア大学のほか、Yahoo! Researchやサンタフェ研究所でも研究員を務めている。

19. Tech News World "Facebook Whittles Down 6 Degrees of Separation to 4.74"(2011年11月22日付け記事)<http://www.technewsworld.com/story/Facebook-Whittles-Down-6-Degrees-of-Separation-to-474-73814.html>

20. アルバート・ラズロ・バラバシ(1967〜)はルーマニアで生まれ、現在アメリカで研究する物理学者。インターネット以外にもさまざまなつながり、現象に見られるネットワーク構造についての研究を進め、ネットワークに成長という概念を持ち込んだ。また、バラバシ・アルバート・モデルのアルバートは共同研究者のレカ・アルバートである。

21. 電通「SNS100友調査」ニュースリリース<http://www.dentsu.co.jp/news/release/2011/pdf/2011130-1102.pdf>

22. 高広伯彦、池田紀行、熊村剛輔、原裕、松本泰輔『フェイスブックインパクト』(宣伝会議、2011)

23. 佐々木俊尚の「情報キュレーション」の発想に近い。

24. 同書では「共同体」は近代の社会を構成してきたが、そうした構造ではなく、つながる・つながっていることを実感させるものだけを担保としたものを「共同性」と呼んでいる。例えば、本書の第1章でも指摘したように、ケータイのアドレス帳の数、メール返信の数などコミュニケーションの可視化はこうした「共同性」が表出するようになったひとつのきっかけであると言えるだろう。

25. AIDMAはA:Attention(注目)、I:Identify(認知)、D:Desire(欲求)、M:Memory(記憶)、A:Action(行動)という消費行動モデルで長く広告業界で使われてきた。AISASはA:Attention(注目)、I:Identify(認知)まではAIDMAと同様であるが、S:Search(検索)、A:Action(行動)、S:

Share（共有）というプロセスが循環しているという「価格.com」や「食べログ」などクチコミサイトを検索し、また自分もそこに書き込むというインターネット時代の消費行動モデルとして提唱された。

第3章
コミュニケーション全盛の時代

前章ではソーシャル・キャピタル論とネットワーク論を概観しながら、若者たちだけではなく社会全体でもコミュニケーションを取り、誰かとつながりを持ちながら、ものごとを進めていくことが再確認されているのを確認した。こうしたつながりは個人の心理など内面的な部分に影響を及ぼすだけではなく、小さくは「ご近所」のようなコミュニティ、また大きくは地域や行政といったコミュニティにおけるパフォーマンスとも密接に関係してくる。また近年では対面コミュニケーションに加えて、Facebook や Twitter のようなソーシャルメディアの普及によって、ソーシャル・キャピタル論、ネットワーク論はより身近になるのと同時に、複雑にもなってきている。

このようなソーシャルメディアの登場による複雑化したコミュニケーションの状況を端的に表しているのが若者たちの就職活動である。そこで、本章ではメディア、コミュニケーションの視点から若者たちの就職活動を取り上げる。ただし、取り上げると言っても、企業側が採用活動においてソーシャルメディアをどのように使うべきかといった「人事採用論」や、就活生がソーシャルメディアをどのように活用すれば内定を取ることができるのかといった「就活必勝法」ではない。学生から社会人になるための一種の「通過儀礼」とも言える就職活動において、企業情報の収集、説明会、エントリーシート、テストセンターなどさまざまなプロセスがコンピュータ、インターネット経由で行われるようになった。こうした情報化された就職活動において、学生たちは、どのような対応が求められているのだろうか。あるいは、近年、就活生が求められる能力として不動の地位にあるとも言える「コミュニケーション能力」だが、実際に何を指して「コミュニケーション能力」と言っているのか、その中で就活生たちはどのような「コミュニケーション能力」を想定し、ＰＲしようとしているのか。こうした若者たちのメディア環境やコミュニケーションという文脈から就職活動について考えていきたい。

1 「就活」と「コミュ力」

しかし、ソニーの想いはシンプルです。

応募者とソニー、お互いが理解し合い、双方が納得した上で入社して欲しい。

そして、ソニーのことが好きな人に来てほしい。

2012年、ソニーは「〝シューカツ〟というルール」を変えると宣言した。例えば、学生でなくても卒業3年以内の人を対象とする「新卒」というルールからの脱皮、テクニックで定型化した面接ではなく、ワークショップや企画提案、プログラミングなどさまざまなコースを用意した選考スタイル、また「シューカツ＝スーツ」というルールの打破、といったことを具体的に挙げている。後述するが、近年、就職活動において最も重視されているのは「コミュニケーション能力」である。こうしたソニーの採用制度の見直しは学生が身につけるべき「コミュニケーション能力」にも変容をもたらすのだろうか？

就職活動から「就活」へ

文部科学省・厚生労働省が発表した「大学等卒業予定者の就職内定状況調査」によると、2012年2月時点で大学等の就職内定率は大学で80・5％、短期大学で66・9％であり、高等専門学校（98・0％）と専修学校（77・5％）と合わせた全体では80・2％であった。この数字は前年度より多少持ち直したものの、依然として厳しい就職状況を示している。就職活動の状況を示すためによく引用される「大学等卒業予定者の就職内定状況調査」であるが、そもそもこの調査における内定率はあくまで就職希望者に占める内定取得者の割合である。就職希望者は大学では73・6％、短期大学では78・5％、高等専門学校では62・5％である。つまり大学で見ると、就職希望者73・6％のうち80・5％が内定したという意味であり、学生総数から考えるとおよそ6割が内定したに過ぎないのである。

昔と比べて大学への進学率そのものが上昇しているので就職活動が厳しいのは当たり前だという意見もある。文部科学省による「学校基本調査」によると、1950年代半ばから1960年にかけて大学・短期大学への進学率はおよそ10％前後で推移してきた。それ以降、徐々に進学率が上昇し、現在では約50％になっている。[1] そのため、同じ世代で大学生になる割合はここ50年で大きく上昇していると言えるだろう。つまり、就職活動が厳しいとは言え、大学で就職活動を経験して、会社員になっていく学生の数自体はかつてと比べるとむしろ増えて

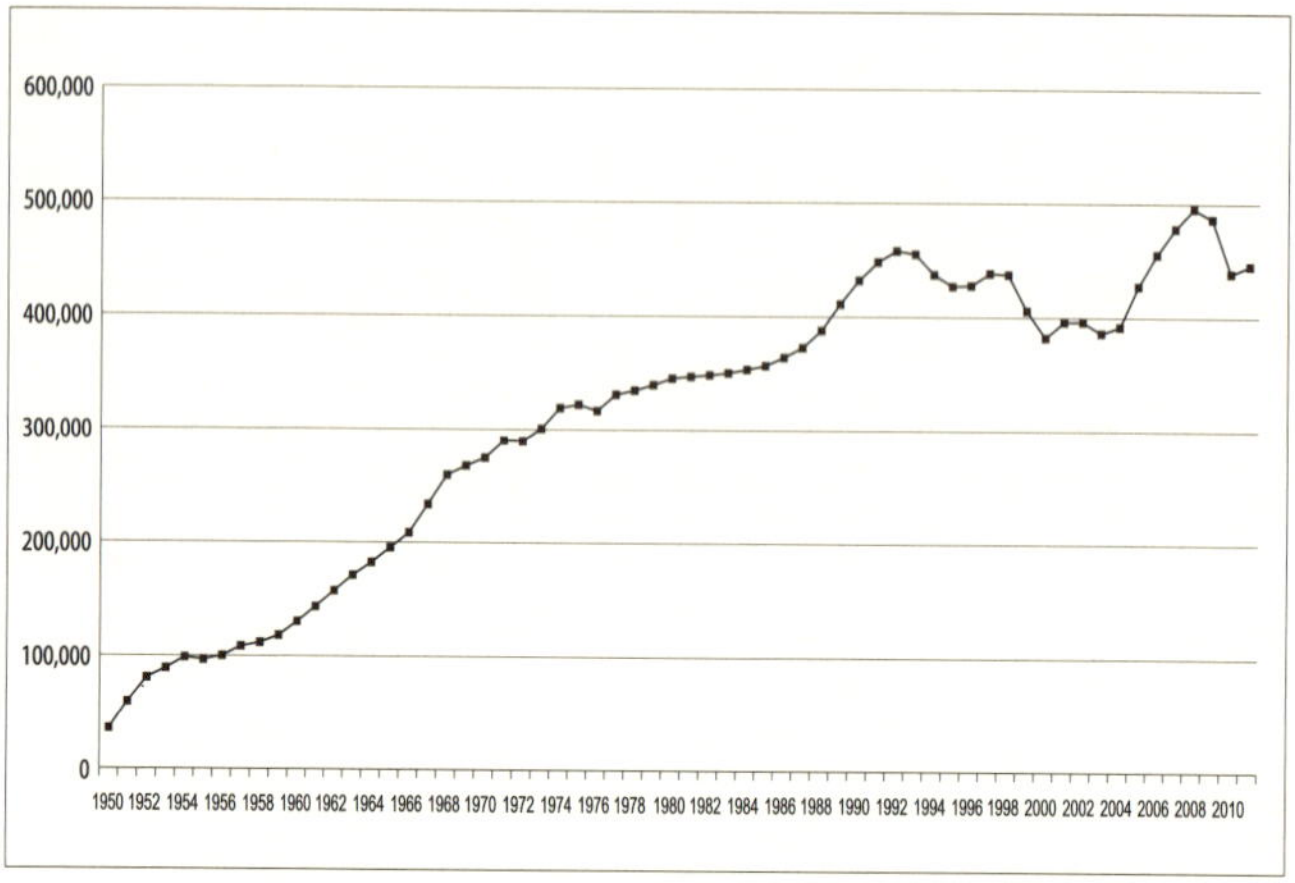

3-01　大卒就職者数の推移（文部科学省「学校基本調査」大学在籍者と就職率より作成）

いると言える。実際、「学校基本調査」における大学在籍者を４学年ということで、便宜的に４で割り、就職率を掛けて「就職した学生数」を推計したものが３—01である。ここからも分かるように、「就職した学生数」そのものは少子化とは言え、おおまかには増え続けてきたと言える。

　日本の就職活動はその方式に加えて、開始時期が早いということが特徴として挙げられる。就職活動の早期化は１９９７年の就職協定廃止後、進んだと言われている。経団連はそれ以降、企業に対して「採用選考に関する企業の倫理憲章」を公表し、採用活動についての指針を示してきた。就職活動の時期について、日本労働研究機構が２００１年に発表した「日欧の大学と職業—高等教育と職業に

	日本	欧州計	イタリア	スペイン	フランス	オーストリア	ドイツ	オランダ	イギリス	フィンランド	スウエーデン	ノルウェー	チェコ
合計	100.0	100.0	100.0	100.0	100.0	100.0	100.0	100.0	100.0	100.0	100.0	100.0	100.0
実数	2,728	24,512	2,220	2,175	2,463	1,549	2,338	2,258	3,019	1,826	2,250	2,673	1,741
卒業前	88.0	39.1	15.6	22.6	9.9	29.9	46.7	42.5	49.2	41.8	56.0	60.6	49.6
卒業の頃	1.8	28.6	40.5	34.0	8.2	34.6	33.0	37.0	20.2	38.4	29.3	22.7	26.5
卒業後	1.0	24.7	41.2	41.1	31.2	28.0	18.1	20.1	26.1	15.1	12.4	14.9	24.0
無回答	9.2	7.6	2.8	2.3	50.7	7.6	2.2	0.4	4.6	4.7	2.3	1.8	0.0

3-02　就職活動の開始時期（日本労働研究機構「日欧の大学と職業―高等教育と職業に関する12ヵ国比較調査結果―」より転載）

関する12ヵ国比較調査結果―」を見てみよう。この資料は日本とヨーロッパ各国における学生の就職活動の開始時期を比較したものである。１９９８年から１９９９年にかけて収集されたデータであるので、１９９７年の就職協定廃止後すぐの状況である。

日本とヨーロッパの学生を比べてみると、日本では卒業前に就職活動を開始する学生が88・０%にのぼる一方で、イタリア、スペイン、フランスなどは卒業前に就職活動を開始するのは一割から二割程度で、三割から四割の学生が卒業後に就職活動を開始している。スウェーデン、フィンランド、ノルウェーなど北欧諸国の大学は実学志向が強く、在学中からのインターンシップも盛んなため、他のヨーロッパ諸国と比べると卒業前から取り組む割合が比較的高いが、それでも日本の88・０%と比べると低い。[2] すなわち、世界的に見て日本における就職活動は大学２年生では開始が早い、４年生になってからでは遅いといったレベルではなく、大学に在学している段階から取り組んでいるという意味で「早い」と言えるのである。このように早くから始まる就職活動の極端な例としてユニクロが発表した採用方法がある。2011年12月より「ユニクロ」を展開するファーストリテイリングは新卒一括採用を見直し、採用時期や学年を問わない人事採用方式を導入した。例えば大学一年生でも応募ができ、採用されれば店舗でアルバイトをし、卒業と同時に正社員になるといったキャリアも可能となった。こうした動きは学生がキャリアを早期から意識できるという好意的な評価がある一方で、大学教育をないがしろにしているといった否定的な評価もなされた。

一方で2011年、経団連は「倫理憲章」を見直し、自社の採用サイトや就職情報サイトでのプレエントリーなど採用に関わる企業の広報活動を10月ではなく12月から開始するように呼びかけた。このような就職活動開始時期の「後ろ倒し」は就職活動の期間を短縮し、大学での学業の時間を確保するためのものとして評価する声がある一方で、「後ろ倒し」は結果的に「短期決戦」になり、学生は焦って企業を吟味することなくエントリーするので、大企業・人気企業にエントリーが集中し、中小企業はほとんど見向きされず、全体として採用がうまくいかないのではないかという懸念も聞かれた。実際に2011年12月1日、「マイナビ」「リクナビ」といった就職情報サイトはオープン開始と同時にアクセスが集中し、繋がらない状態になったことは記憶に新しい。

このように多くの大学生が就職を望んでいる状況と企業の多くが大卒の新規一括採用を重視（とさらなる前倒し）している状況、そしてそれに対応するために在学中に就職活動を始めることが求められる状況を考えると、大学生にとって就職活動は大学生から社会人になるための「通過儀礼」と言え、好景気だった時代と比べるとその「通過儀礼」はより長く、厳しい、さらに言えば理不尽なものとなっている。

希望する企業への内定を取るために、大部分の学生は多くの企業にエントリーすることになる。そして、企業の説明会、テスト、エントリーシート、面接などを数多くこなさなければならない。一方で企業にとっても、経済がグローバル化していく中で、自社の競争力を維持するために「よい人材」を採用することは至上命題である。そのため、学生からの大量のエントリーに対し、選考プロセスを効率化し、「よい人材」を採用するための努力を重ねている。

多くの企業で行われている説明会、テスト、エントリーシート、面接といった一連の採用プロセスに関しては各企業の求める人材や採用に対する考え方によって本来、多様な形を取りうるはずである。例えば、エントリーシートはソニーが始めたものだと言われているが、現在はほとんどの企業で採用されている。リクルートワークス研究所の豊田義博は『就活エリートの迷走』（ちくま新書、２０１０）でパッケージ化、マニュアル化、画一化した就職活動を「就活」と位置づけている。本書でもこれに習い、多くの企業が人材の多様化を叫びながらも、説明会・エントリーシート・テスト・面接といったパッケージ化された一連の選考プロセスで、画一化された採用活動を行なっている就職活動の現在の形態を「就活」と呼びたい。

コミュニケーション能力という指標

企業は選考において大量にエントリーしてくる学生のどの要素を重視しているのであろうか。経団連が実施している「新卒採用に関するアンケート」によると、２０１１年、80・２％もの企業が選考において重視した点として「コミュニケーション能力」を挙げた。３―03からも分かるように、コミュニケーション能力は２００１年の段階では50％ほどで他の項目とあまり差はなかったが、２００４年以降は70％を越し、８年連続で第一位となっている。[3] もちろん業種や職種、社風によってこれらのうちどのような項目を重視するかは変わってくると思われるが、コミュニケーション能力を無視あるいは軽視するところはほとんどないということが言えそうである。また朝日新聞のデータベースで「コミュニケーション」と「就職活動」と両方が登場する記事の数を見てみると、２０００年以降多少の変動はありながらも右肩上がりで増えていることが分かる（３―04参照）。

ここまで見てきたように、企業は選考においてコミュニケーション能力を重視しているものの、一体それが何を指すかという定義や共通理解については、各企業、人事担当者はさまざ

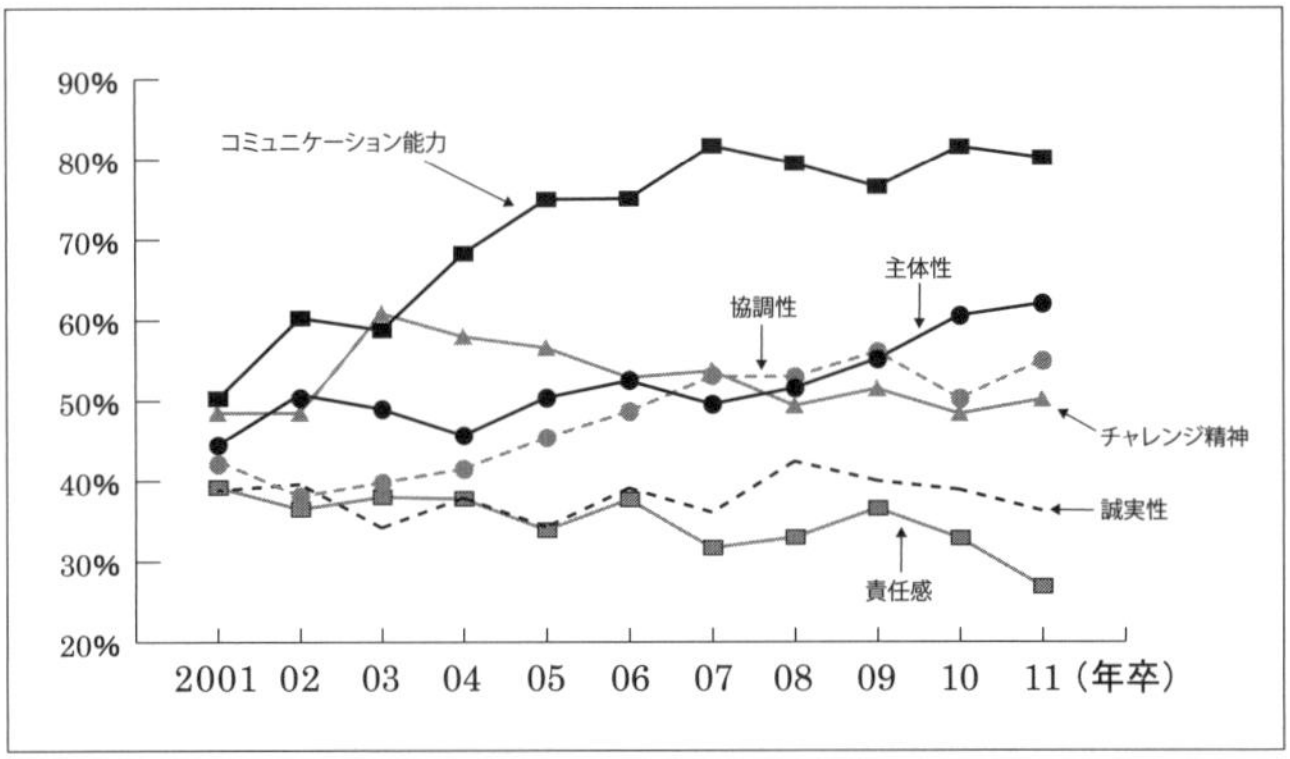

3-03　「選考時に重視する要素」の上位の推移（日本経済団体連合会「新卒採用(2011年3月卒業者)に関するアンケート調査結果の概要」より転載）

まな説明をするが、言葉で説明することが難しいこともあり、非常に多様で曖昧である。そのため、企業側、学生側双方ともコミュニケーション能力は大事だと思っている一方で、何を指してコミュニケーション能力と言っているかとなると一致しない状況になっている。逆にそのように一致しない状況が逆説的に、コミュニケーション能力が重要であるという言説につながっている可能性があることは注意しておきたい。

このように中身が見えにくいコミュニケーション能力であるが、その中身をあえて言葉で表すと「聞く力」、「話す力」、「調整する力」という3つの柱が見えてくる。「聞く力」とは文字通り、相手の話していることを聞く力であるが、文章で書かれていること、相手の身振りや表情を読み取ることも含まれるだろう。さらに言えば単に聞いているだけではなくその発言の意図、相手の気持ちを理解することも含まれる。英語で言うならば、自然と聞こえてくる、聞こえているという意味の〝Hear〟ではなく、相手の言っていることを注意して聞くという〝Listen〟というニュアンスに近いだろう。実際、その人の言っている言葉は耳に入っているだけではなく、その意図するところを理解する、あるいはそのようなことを言っている人の気持ちを理解することが重要とされる。

「話す力」も文字通り話す力に加えて、身振りや表情など言葉以外のコミュニケーション、すなわちノンバーバル・コミュニケーションを含んでいる。またそのレベルも朝のちょっとした挨拶から重役向けのプレゼンまでさまざまである。こうしたスキルは英語で言うところの不特定多数の人に一方的に話す〝Speak〟ではなく、相手がいることを前提に相手に対応する形で話すという〝Talk〟というニュアンスに近いと言えるだろう。

「聞く力」、「話す力」に加えて「調整する力」も重要になってくる。「調整する力」とは組織・チームにおけるメンバー間の関係が円滑に行くように調整できる力、組織・チーム全体がよい雰囲気になるように貢献できる力である。例えば、集まった時の挨拶の印象、うまくいっていない二人の間を取り持つバランス感覚なども含まれる。前述の「聞く力」、「話す力」が自分と相手という二者間を想定したものであるとするなら、「調整する力」は二者間のコミュニケーションを基本にしながらも、自分以外の組織・チームのメンバーにも向けられ、結果的に

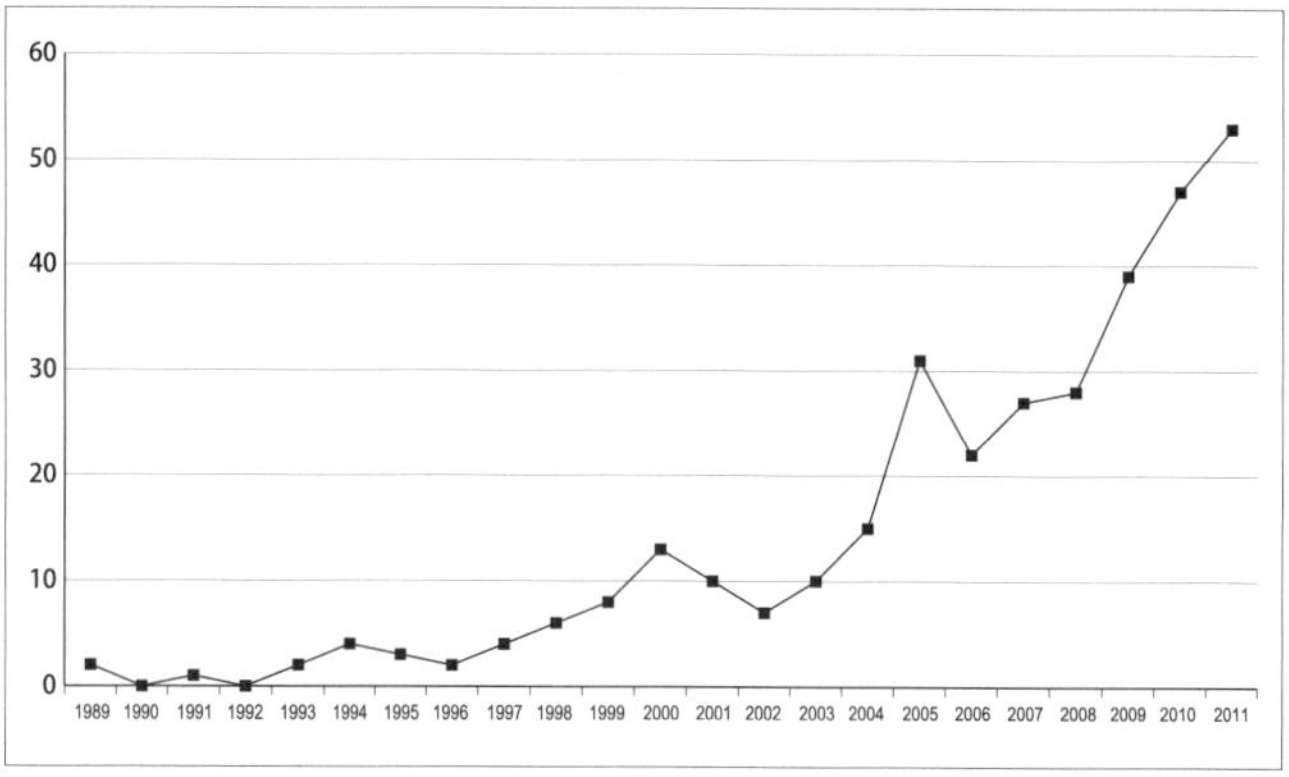

3-04　朝日新聞における「コミュニケーション＆就職活動」の登場回数（朝日新聞記事検索「聞蔵Ⅱ：1985 以降」より作成）

は組織・チーム全体の雰囲気づくり、さらにはソーシャル・キャピタルの蓄積、パフォーマンスの向上に貢献するものだと言えるだろう。

そもそも、こうしたコミュニケーション能力は何のために求められるのだろうか。学生がイメージするコミュニケーション能力は友人と仲良くやっていくためのスキルというイメージがあるかも知れない。会社でもその内外を含めさまざまな人とチームを組み、協力しながら進めていく仕事が多い。しかし、そのチームは必ずしも学校で形成されていたような「仲良し」グループとは限らない点が学校と会社で大きく異なる点である。「仲良し」であることは業務を進行したり、アウトプットを出したりするために必要かも知れないが、それが目標ではない。あくまでもアウトプットを期待する会社と、「仲良し」であることを目標にしている学生との間で齟齬が生まれていることが、コミュニケーション能力をめぐって多様な言説を生じさせている一つの要因だと考えられる。

ここまで見てきたように、企業が選考の際コミュニケーション能力を重視する一方で、コミュニケーション能力とは何かということについては「聞く力」「話す力」「調整する力」など大まかには想定できるもののやはり一致した明確な定義はない。しかしながら、企業、人事担当者はそれぞれのコミュニケーション能力を想定している。学生からすると、実際には微妙に違うことをコミュニケーション能力と一括りにされて求められるのが現状である。そういった意味で、就活におけるコミュニケーション能力は、内定を取るための武器や自己のPR、スキルというだけではなく、選考で落とされた時の理由となる「マジックワード」としても機能しているのである。

「コミュ力」と「コミュ障」の間

エントリーシート、面接はコミュニケーション能力が学生に備わっているかどうかを見抜くためのものであり、いわゆる「コミュ力」の高い学生が有利だと言われている。２０１０年11月29日号の『アエラ』には「『コミュ力なし』は『内定なし』企業と学生の間には深い溝」という記事が掲載された。そこでは人事担当者の「学生が考えるコミュ力は、ミクシィでマイミクが多い、ツイッターのフォロワー数が多いから人が集められる、というように、友達が多いという話でしかない。反対に、話ベタ、人見知りは即、コミュ力がないと考えてしまうんです。（中略）企業が求めるのは、本音を聞き出す力、言葉の裏側を読む力、あるいは対人交渉力だったり、話を整理してまとめる力だったり、話すことよりも、聴く力のほうが重視されています」という声を紹介し、「コミュ力」をめぐる学生と企業とのギャップが示されている。

さらに、２０１１年2月14日号では「氷河期とネットが生んだコミュ力難民　コミュ力万能主義の疲弊感」、「コミュ力万能時代を生き抜く　コミュニケーション苦手人間の乗り切り法」と「コミュ力」について二つの記事が掲載されている。これらの記事から見えてくるのは、就活だけではなく学校での友人関係、恋愛や結婚など日常生活一般に必要なスキルとしての「コミュ力」であり、「コミュ力」がないと生活全般にも支障が出るという主張である。「コミュ力」の高いとされる学生は学校生活を通して、クラス、バイトやサークル、部活などその場その場で「空気を読み」、またそれに応じた「キャラクターをつくる」ことに習熟しており、所属する組織や集団の中で人間関係を円滑に保っていける人である。そういった意味では、「コミュ力」の高さをPRするためには必ずしもネットワークの「ハブ」である必要はないが、ネットワークに参加できる／していることが必要になるかも知れない。

それではそのように振る舞えない学生はどうか。ケータイやインターネットの普及で直接顔を合わせてコミュニケーションを取る機会が減り、またネット上ではさまざまなコミュニティから気の合う仲間を見つけることが容易となった。そのため、相手のことを考えず自分の言いたいことを言う、あるいは逆に相手との摩擦を極端に恐れる若者が増えたと言われている。こうした学生は就活を続けていくうちに「コミュ障」と自虐的に自らを位置づける。また、普段は喋れているし、友だちとの関係も築けているのに、就活のグループディスカッション、面接などが苦手で内定が取れず、自分に「コミュニケーション能力」がないと自覚させられた学生も、自分が「コミュ障」ではないかと不安になる。

本来、「コミュニケーション障害」は聴覚や発声など身体的な要因、あるいは精神・発達障害などにより十分にコミュニケーションが取れないことを指す用語であり、実際それで悩んでいる人もいるが、それが「コミュ障」と略称されることで本来の意味から離れ、「コミュ力」がないことを意味するようになったのである。

以上で見てきたように、コミュニケーション能力に明確な定義がない以上、「コミュ力」にしても、「コミュ障」にしても、就活における成功、失敗の結果論的な産物と言えるし、また自分がダメだった場合に「コミュ力」に問題がある、「コミュ障」が原因だと自分を納得させるためのマジックワードともなっているのである。「コミュ力」が結果論的でマジックワードであるにも関わらず、それが就活だけにとどまらず、恋愛や結婚など日常生活全般にまで拡大されて、「自分はどうせコミュ力がないから、ダメなんだ」あるいは、「自分はコミュ障なんで」という負のスパイラルを生む可能性もあることには注意しなければならない。

一方で、就活において「コミュ力」の高い学生に対してはおおむね二つの批判がある。一つはその場その場でキャラクターを使い分けるので、「自分」や「軸」がないという批判である。もう一つは、そうした「コミュ力」は親しい仲間内だけにしか通用しないという批判である。

ここまで見てきたように、コミュニケーション能力にしても、「コミュ力」にしても客観的に図れる指標でも、明確に定義できるものではなく、むしろ就活における言説として機能していると言える。それを踏まえて、あえて両者を区分すると、コミュニケーション能力は確固たる「自分」あるいは「軸」というものが存在し、それをどのような相手であれ、きちんと表現できるか、ということに重点が置かれている。一方で「コミュ力」は仲間とうまくやる、雰囲気を良くするという目的があり、それを達成するために「自分」を作っていくものであると言える。そういった意味で、コミュニケーション能力と「コミュ力」は、その出発点を考えるとむしろ対照的なものなのである。そのため、「コミュ力」の高い学生は「自分の軸がない学生」というように映る可能性もあるのである。

現在の就活においてはコミュニケーション能力と「コミュ力」が複雑に交差している。買い手市場、すなわち採用側が強い立場になると、採用側の人間にとって気に入られるようなコミュニケーションができる人が有利になる。採用側はいわば仲間におもねるような「コミュ力」ではなく、しっかりとした「自分」を持ったコミュニケーション能力の高い学生を取りたいと思っている。しかし、そうなると、「コミュ力」の高い学生は「自分」を持ち、コミュニケーション能力の高い学生というキャラクターをつくってくる。採用側にとっても、面接という限られた時間の中で、目の前の学生が本当にそうなのか、それともキャラクターとしてなのかを見分けるのは非常に難しくなっている。なぜなら、「コミュ力」の高い学生はキャラクターを「演じて」いるのではなく、「発揮している」だけであり、それもまた「自分」だからである。こうして就活においてコミュニケーションと「コミュ力」をめぐって堂々巡りの、合わせ鏡のような状況が生じてしまうのである。

2　背景としての就活の情報化

２０１１年10月、Facebook はアメリカ労働省を始め、National Association of State Workforce Agencies（ＮＡＳＷＡ）、Direct Employers Association、National Association of Colleges and Employers（ＮＡＣＥ）と共同してSocial Jobs Partnership という Facebook ページを設立した。そこでは企業の採用においてソーシャル・メディアがどのように使われているかについての詳細な調査・研究から情報の提供、企業と求職者のマッチング、教材の提供などを行っている。アメリカでは Facebook 普及率が7割近いため、失業者や雇用主、大学のキャリアセンターの多くが Facebook ページを持ち、ソーシャルメディアを通しての採用（ソーシャル・リクルーティング）が一般化しつつある。こうした就職活動、就職情報とソーシャルメディアとの連携は今後ますます密接になっていくと考えられる。

選考プロセスのオンライン化

就活において、大量の学生からのエントリーに対応するために、企業は選考プロセスのさまざまな部分でコンピュータ、インターネットを活用するようになった。現代では説明会やセミナー、エントリーシートの提出、入社試験など選考のさまざまなプロセスでオンライン化が進んでいる。また、学生はエントリーや説明会の予約をするためにPCの前に座って待つだけではなく、iPhoneなどスマートフォンを活用して24時間体制で就活に備えている。さらに、Twitterやmixiなどのソーシャルメディア上で飛び交っているさまざまな企業や面接についての情報に眼を光らせている。志望動機や自己PRなどを記入して提出するエントリーシートもオンラインで提出できる企業が増えたことで、手書きで何十枚も書く、誤字脱字がないようにチェックしながら下書きと清書を繰り返すといった作業から徐々に学生が解放されるようになった。他にもセミナーや説明会をインターネットで動画配信する企業も増えてきた。例えば、Softbank Human CapitalとUstreamとの共同企画である「就活ライブチャンネル」では基本的には19時と20時から企業による説明会の動画が配信される。[4] そのため学生は授業後に、また予約していなくても、「就活ライブチャンネル」にアクセスすれば説明会の動画を見ることができる。さらに、Ustream, Facebook, Twitter, mixiのいずれかのアカウントがあれば番組中に、その場で直接出演している担当者に質問することもできる。こうした説明会の動画は生放送だけではなく、アーカイブ化されているので好きな時間に、繰り返し視聴することも可能である。こうしたサービスは東京までの交通費がバカにならない地方に住んでいる学生、あるいは説明会の予約が取れなかった学生などに重宝されている。一方で、企業にとってもインターネットで配信することにより、説明会の会場やそれに関わる人件費などのコストを削減できるというメリットがある。また、知名度の高くない中小企業にとっては何度も大規模な説明会は開けないが、こうしたサービスを活用することで広く学生にアピールできる機会にもなっている。

このようにこれまで選考のさまざまなプロセスがオンライン化されることにより、時間・空間の制約から解放され、企業は人事・採用に関わるコストを削減できるようになり、より多くの学生に対してエントリーの門戸を広げることになった。

しかしながら、選考プロセスのオンライン化はメリットばかりではない。説明会の予約やエントリーがオンラインで簡単にできるために、関心がない企業も含めてとりあえず多くの説明会の予約やエントリーをしておこうとする学生が増えている。そのため、予約開始数分で満席になったはずの説明会で当日の「ドタキャン」が相次ぎ、結果的に空席が出るという状況すら起こっている。就活のプレッシャーから多くの企業にエントリーしなければという焦りに加えて、オンラインで簡単に予約ができるようになったことがこうした結果を招いたと言える。

また、同じ文章を「コピペ」してエントリーシートをつくれてしまうという問題、ｗｅｂテストなどでは本人以外の人が受験しても企業側からは分からないために自分が苦手な分野は他の人に解いてもらう「替え玉受験」といった問題も発生している。例えば、２０１０年３月、都内のある有名大学の学生が自らのブログでｗｅｂテストに「替え玉」を使ったことを告白したことが話題となった。その告白の仕方が「真面目にやっているヤツはバカだ」という挑発的なものであったので、ネットでは「炎上」し、大学名や氏名などが晒され、さらには週刊誌など一部マスコミでも報じられた。実際、「替え玉」を使ってｗｅｂテストをクリアしたとしても、面接を繰り返すことによりそうした学生は振り落とされるので問題ないと主張する企業もある一方で、まじめに一人でｗｅｂテストをして落とされた学生からは「正直者はバカを見る」のかという批判も噴出した。[5]

選考プロセス以外の情報流通の拡大

以上のような選考プロセスのオンライン化に加えて、企業・選考に関する情報流通の拡大も同時に進んでいる。自分がどういった業界・企業を志望するかを選ぶ際に、業界・企業研究は重要になってくる。業界・企業研究はこれまで、①就活本、あるいは新聞やテレビなどのメディアからの情報、②各企業のホームページや説明会などでの企業側からの情報、③ＯＢ・ＯＧなど先輩や知り合いや友人、大学のキャリアセンター職員、教員など直接的な人間関係からの情報、が中心であった。しかし、2009年には1968年から続いてきた代表的な就活情報誌「就職ジャーナル」が休刊し、web版へ移行したことに象徴されるように、就活情報流通の中心は上記に挙げたような情報源から、ネットの掲示板やソーシャルメディアに移っていった。例えば、楽天の運営する「みんなの就職活動日記」、いわゆる「みん就」では説明会の日程や履歴書の書き方など就活に関するさまざまな情報の他、内定した人、内部の社員からの情報、また説明会や面接など選考全般に関する情報が企業ごとに口コミ形式で掲載されている。掲示板にはその企業の選考プロセスが現在どこまで進んでいるか、企業から連絡がいつ来たか、どのような服装で臨んだか、どういったことが面接で聞かれたか、など細かな情報も書き込まれている。もちろんそこに書きこまれている情報が全て正しいかどうかは確かめることはできないが、生の声として貴重なものも多く含まれている。

他にもTwitterを情報収集ツールとして使うことも一般化してきた。Twitterでは、就活生の「つぶやき」や採用情報や企業情報といった就活そのものに関する情報だけではなく、さまざまな企業トップの理念やビジョン、社員からの現場の生の声など、業界についてのニュースやそれについての解説、批判なども直接リアルタイムに見ることができる。さらに、これらの情報はハッシュタグ「#」を使うことで、効率的に集めることもできる。例えば、「#shukatsu」では大学、マスコミ、企業の社員やトップ、ニュースなどさまざまな情報源、情報の中から就活に関連する情報を一括して見ることができる。

このような流れから見えてくるのは、メディアや企業、大学のキャリアセンターから一方的に情報発信がなされ、就活生がその情報を集め、受け取るという就活における情報流通モデルの変化である。大きく変わったところとして、まず掲示板やTwitterなど情報源が多様化したこと、そしてそうしたメディアを活用することでメディアや企業、大学のキャリアセンターが選んだ間接的な情報ではなく、企業のトップや社員からの直接的な情報を収集できるようになったことが挙げられる。また、就活をしている学生自体も情報発信のプレイヤーとして参加するようになった。つまり、就活をしている学生も就活に関する情報を発信し、共有するようになったことで、メディアや企業、大学のキャリアセンターからの情報、すなわち「あちら」からの情報を受け取るだけではなく、同じように就活をしている学生たちからの情報、すなわち「こちら」からの情報を活用することが一般化したのである[6]。

こうした変化は流通する情報量の爆発的な増加にもつながった。それは同時に、就活について学生が集め、分析しなければならない情報もかつてと比べものにならないくらいに増加したことを意味しており、そうした「情報戦」の得意・不得意、あるいはデジタル・デバイドが内定の有無につながる可能性もある。

モバイル化による就活の「密度」の高まり

就活における情報流通拡大の背景にはインターネット、そして、ソーシャルメディアの普及があるが、情報をいつでもどこでも発信し、チェックできる環境が整ってきたことも大きい。それを可能にしたのはスマートフォンの普及であろう。ここでは就活におけるスマートフォンの普及とその影響について見ていきたい。

２０１１年に行われたＨＲソリューションズの調査[7]では、従来型の携帯電話を利用している学生が67・3％、スマートフォンを利用しているのは17・2％、スマートフォンと携帯の2台持ちは15・5％と、合わせて32・7％がスマートフォンを利用していた。ただし今後購入したいと考えている学生の割合は58・9％に上り、今後スマートフォンの割合は増えていくと考えられる。就活におけるスマートフォンの用途としては「説明会予約」（69・6％）、「面接・選考の予約」（71・8％）、「情報収集（企業研究・業界研究など）」（69・7％）が目立つ。先にも述べたように、就活中、学生は非常に多くの説明会や面接・選考をこなさなければならない。こうした予約はパソコンサイトから行うことが多いため、携帯電話からはできないことが多い。そのために携帯電話からパソコンサイトが見られるスマートフォンに乗り換える学生も増えている。最近では1、2年生の段階から就活を意識してスマートフォンにするという学生も多い。スマートフォンが就活に有利と考えている学生のうち、携帯電話と比べて有利な点として、

「パソコンサイトの閲覧ができるため」（88・4％）、「外出先から会社説明会への応募・エントリーがしやすい」（76・4％）、「複数のメールアカウントを利用可能」（60％）[8]などが上位に挙げられている。実際、就活で携帯電話、スマートフォンをどの程度使っているか、については「かなり利用している」（46・5％）、「利用している」（27・4％）と合わせて73・9％にのぼっている。ただし、携帯電話とスマートフォンを分けて見ていくと、携帯ユーザーは「かなり利用している」（36・4％）、「利用している」（30・9％）と合わせて67・3％であるが、スマートフォン・ユーザーでは「かなり利用している」（72・2％）と大幅に増え、「利用している」（18・4％）と合わせて90・6％にもなっている。

このように、携帯電話、スマートフォンといったモバイル機器を活用することで学生が直面するのは、あらゆる時間、場所で行える／行わなければならない、という就活のモバイル化、そしてその結果として就活のリアルタイム化である。就活がモバイル化したことで、いつでもどこでも、そして待ち時間や移動中などの「スキマ時間」でもモバイル機器を用いて説明会やセミナーの予約、エントリーなどをこなすことが可能になった。さらに、それと並行して企業情報や選考情報をさまざまなソーシャルメディアを活用しながら収集し、自分の情報を発信することもできる。そういった意味で、就活は早期化や長期化によってその期間が増えているだけではなく、その密度もこれまで以上に高まっているのである。

学生たちは就活の情報化に対応するためスマートフォンを活用することによって、いつでも、どこでも対応できるような体制を整えつつある。一方でこうした対応に乗り遅れた学生は不利になるかも知れない。先にも述べたように、学生自体の能力ではなく情報収集や分析、活用のためのメディア環境が就活の成否を握る鍵となる就活デジタルデバイド（情報格差）をスマートフォンが加速させる可能性があることは注意しておかなければならない点であろう。

そして「ソー活」へ

学生たちは就活だけではなく、普段からmixiやTwitter, Facebookなどソーシャルメディアを広く利用している。これらのソーシャルメディアは携帯電話、スマートフォンなどモバイル機器で利用することが多く、就活中でもこうしたコミュニケーションは継続している。前述のHRソリューションズの調査でも、SNS（Facebook, mixi, GREEなど）、Twitter、ブログなどのソーシャルメディアの利用状況について、39・5％が「1日に何度も利用している」、12・9％が「1日に1～2回程度利用している」、14・4％が「1週間に1回～数回」と回答しており、合わせて7割程度がソーシャルメディアを日常的に利用している状況が見えてくる。ただし、「1日に何度も利用している」は携帯ユーザーでは31・4％に対して、スマートフォン・ユーザーでは53・9％とスマートフォン・ユーザーの方がソーシャルメディアを頻繁に利用している。こうしたことを考えると、今後、スマートフォンの普及が進んでいくのに伴って、就活中におけるソーシャルメディアの利用はますます増えていくと考えられる。

Facebookの日本語版サービスが開始されたのは２００８年であるが、株式会社リーディングマークの調査によると、２０１１年７月の段階で、東京大学・早稲田大学・慶應義塾大学の就活生の94％がFacebookのアカウントを持っているという結果が示された。調査対象が会員学生なので全体を表したものではないものの、いわゆる「高学歴大学」におけるFacebook普及率の高さが伺える。

ここから見えてくるのは、２０１１年以前はFacebookを利用しているのは情報感度の高い学生、あるいは高学歴であり、選考する企業からすると、Facebookを利用して選考することでそのような学生を採用できるという期待があった。また、選考にFacebookを活用しているというだけでニュースバリューがあり、その企業自体、情報感度が高いというイメージを世間的に認知してもらうという意味でも有効であった。例えば、女性とメディアに関するマーケティングを専門とするトレンダーズ株式会社は２０１２年度新卒採用において「ソーシャル・メディアを使いこなしている学生＝新しいメディアへの対応力と情報発信力の高い学生を『即戦力』とみなし」て、Facebookでの「友達」数２００人以上の人を対象に選考の一部をスキップできる「Facebook枠」を設けた。[9] トレンダーズのこの試みは２０１０年の段階では非常に先端的なものとして捉えられた。

このようにソーシャルメディアを活用した就活あるいは採用活動は総称して「ソー活」と呼ばれている。２０１１年は「ソー活元年」と呼ばれ、ソーシャルメディアを活用した採用活動が急速に広まった。株式会社ベクトルの調査では大学生のFacebookユーザー数は２０１１年12月の段階で11月と比較して37・９％増加となり、12月の就活解禁を受けて急増している様子が分かる。先ほど挙げたいわゆる「高学歴大学」以外でも多くの学生がFacebookアカウントを持ち、またFacebookを活用した情報発信、選考を取り入れる企業も増えた。つまり、２０１１年において「ソー活」は高学歴で情報感度の高い学生だけを対象にしたものではなく、Facebookなど先端的なメディアに関心のなかった一般的な学生もその対象として取り込んだものになり、一般化する可能性を見せている。

こうした流れは新たなｗｅｂサービスの登場、普及とともに常に繰り返されている。例えば２０１０年はTwitter、２０１１年はFacebookが注目を浴びた。それでは２０１２年はどうなっていくだろうか。Facebookの「次にくる」可能性のあるｗｅｂサービスのひとつとしてLinkedInが挙げられる。２００２年に誕生したLinkedInはmixiやFacebookのようなＳＮＳであるが、ビジネスに特化しているところに特徴がある。そこに参加している人はプロフィールに自分の学歴やスキル、職位などキャリアに関するものを掲載し、また企業は自社の様々な企業情報や人材の流れなどを掲載する。LinkedInを使うことで、プロフェッショナルとしてのネットワーク、コネクションを構築したり、投資や転職、事業のパートナーを探したりすることも可能になる。LinkedInにはすでに200カ国以上で1億人以上のユーザーが登録されており、2011年10月には日本語版も開設された。LinkedInはまだ現時点で日本では広く認知されていないことに加え、プロフェッショナル志向のwebサービスであるが、逆にそれゆえに、LinkedInに登録し、使っている学生は情報感度が高いと評価される可能性もある。

「ソー活」の実際

以上で見てきたように、就活における情報化が進んでいくのと同時に、Twitter, Facebookといったソーシャルメディアも活発に使われるようになる兆しを見せている。2011年以降、特にFacebookは重要な役割を担うようになってきた。学生にとっては企業情報の収集やエントリーのために、これまでと同様にマイナビ、リクナビなど就職サイトで企業を探すが、その企業がどのようなビジネスを行なっているのか、そこで働いている社員はどのような人か、といった部分は各企業のFacebookページで研究するという流れができていくと考えられる。実際に、2011年はリクナビ2013とFacebookとの連携が強化され以下のような機能が実装された。

1．リクナビの企業情報に「いいね！」ボタンの設置
2．Facebookページにリクナビ情報（ページタブ）が転載
3．リクナビでブックマークした企業へのコメントがFacebookのウォールにも展開

企業は採用情報だけではなく、トップや社員による学生へのメッセージや社員インタビューから自社の商品、ビジネスや社風紹介など自社の雰囲気や求める人材像を示しながら、12月の就活解禁前から認知度を上げ、有望な学生とのコンタクトを取ることができる。「つながり」を求める若者世代にとっては、Facebookを活用した「ソー活」はそれ以前の説明会や企業のwebページと比べて、企業や社員と直接的に「つながり」を持てるというイメージがあるために、今後も広がっていくと考えられる。そして、こうした行為は特別に「ソー活」と呼ばなくとも、当たり前の行為として考えられるようになるかも知れない。

それでは「ソー活」は就活にどのような影響をもたらすだろうか。まず考えられるのは、TwitterやFacebookなどソーシャルメディアを活用することによって、自分がどういった人物かということをエントリーシートや面接以外でもPRできるようになるということである。その人のTwitterやFacebookを見れば、これまでどのような生活を送っているか、どのよう

なニュースに関心を持って、どのような意見や考えを持っているか、が分かる。

その結果、コミュニケーションにおける就活モードとプライベートモードの境界が曖昧になっていくことも考えられるだろう。確かにTwitterやFacebookを使うことで、「セルフブランディング」が可能になった。しかし、デジタル・ネイティブである学生はこうした就活モードのコミュニケーションだけのためにソーシャルメディアを使っているわけではない。彼ら彼女らは普段からソーシャルメディアを使っているので、この発言は就活用に、この発言はプライベートとして、というような使い分けは曖昧になってくる。そのためプライベートな感覚で他人や企業への批判や悪口、社会的に問題となる行為をしたことなどをFacebookやTwitterで書いてしまうことは充分考えられる。実際に、学生のこのような不用意とも言える発言による「炎上」は枚挙にいとまがない。

企業側にとってソーシャルメディアはエントリーしてくる学生がどのような人物か、エントリーシートや面接だけでは見抜けない部分を見る、すなわち学生のスクリーニングのためのツールとなりうる。エントリーしてきた応募者のソーシャルメディアを採用側が見てスクリーニングすることはアメリカではすでに進んでいるようだ。

例えば、Reppler社が人事採用担当者３００人に行った調査によると、91％の採用担当者がソーシャルメディアを応募者のスクリーニングに使っていると回答している。どういったソーシャルメディアを使っているかに関してはFacebookが76％、Twitterが53％、LinkedInが48％とFacebookが頭ひとつ抜けている。またどの段階でチェックを入れるのかについては、「書類を受け取った後」が47％、「最初の面接後」が27％であり、それらを合わせた74％がかなり早い段階でスクリーニングを行なっていることが分かる。それでは実際に、ソーシャルメディアによって採用が左右されるのだろうか。ソーシャルメディアを見たことによって「採用を止めたことがある」と回答した割合は69％にも上っている。主な理由は「資格に関する虚偽」（13％）、「前の雇用者に関するネガティブな発言」（11％）、「不適切な写真」（11％）、「不適切なコメント」（11％）、「コミュニケーションスキルの低さが見られる」（11％）などであった。一方で、ソーシャルメディアを見たことによって「採用した」と回答した割合も68％あった。主な理由は「人柄や組織への適応にポジティブな印象を与えている」（39％）、「専門資格に関しての補完情報」（36％）、「クリエイティブなプロフィール」（36％）、「他人の投稿に対するよい反応」（34％）などが挙げられている。この調査はアメリカで行われたもので、対象は主に転職市場であるが、日本の就活においてもソーシャルメディアの利用が進んでいくと、ポジティブな意味であれ、ネガティブな意味であれ採用の判断に関して影響が出るようになっていくだろう。[10]

以上をまとめた「ソー活」におけるコミュニケーションの構図が3―05である。ソーシャル

	応募する学生		採用する企業	モード
ポジティブ	セルフブランディング	ＰＲ	学生の発掘・評価	就活
ネガティブ		批判・悪口	学生のチェック	プライベート

3-05　ソー活におけるコミュニケーションの構図

メディアは応募する学生にとって、エントリーシートや面接で表現しきれない自分をＰＲするチャンスとなりうる。一方で、企業も自社に適した学生を発掘し、アプローチしたり、エントリーシートや面接だけでは分からない部分を評価したりするためにソーシャルメディアを活用する。このようにソーシャルメディア上のコミュニケーションがポジティブなもので相互に信頼できるように利用されている段階では、学生、企業の双方にとって「Win-Win」の関係となるだろう。

しかし、くり返しになるがデジタル・ネイティブである学生は就活のためだけにソーシャルメディアを利用しているわけではなく、プライベートなモードでも使っているし、むしろそちらがメインであったりする。日々の生活の中で他人や企業について、批判や悪口などネガティブな発言をすることがあるかも知れない。企業はそういったネガティブな発言をする学生のメンタリティやキャラクター、また自社の社員になった場合のリスクを警戒してチェックするというネガティブな意味での利用もありうるであろう。

学生は企業がチェックしている可能性を逆手にとって、自分がどのような生活を送って、どのようなニュースに関心を持って、どのような意見や考えを持っているように「見える」か、をある程度意識的にコントロールしながらセルフブランディングを意識する可能性もある。そうなると、企業は学生の行動や発言がセルフブランディングではないかという可能性を考えてしまう。このように、就活とプライベートがめまぐるしく入れ替わり、セルフブランディングの舞台となる「ソー活」は選考において学生と企業の間にネガティブな不信のスパイラルを生むことになるかも知れない。

曖昧になるネット文化における「パブリック」と「プライベート」との境界

こうした状況の背景にはこれまで日本におけるネット文化が基本的に「匿名」を特徴としてきたことがある。パソコン通信に始まり、「2ちゃんねる」などの掲示板、さらにはmixiなどSNSに至るまで「匿名」は良かれ悪しかれ日本のネット文化に根づいた特徴であった。情報の発信者が誰か分からない、あるいはお互いが誰か知っている者同士でコミュニケーションをすることが多い日本のネット文化は「プライベート」なものであると言える。それに対してアメリカを中心としたネット文化は「実名」が基本となっている。大学の同窓会的な使い方を想定していたFacebookには基本的に「実名」で登録し、コミュニケーションを行なっている。これらは（本人が意識しようがしまいが）実名で情報を発信している、その情報を発信したのが誰か分かるという意味で、「パブリック」な要素が強いと言えるだろう。

自分のPR、セルフブランディングをする場合、自分が誰だか分かるようにしなければならず、そういった意味ではパブリックにならざるをえない。確かに自己PRやセルフブランディングに関心がない学生もいるかも知れない。しかし、今や就活にインターネットを使わないという選択肢が現実的にほぼないのと同様、リクナビやマイナビといった就職情報サイトがFacebookとの連携を強めてソーシャルメディア化すると、パブリックなソーシャルメディアを利用しないという選択肢もなくなるかも知れない。匿名を基本とするプライベートな日本のネット文化に慣れてきた若者たちは、ソーシャルメディア上でのプライベートとパブリックとの絶妙な境界の中で、普段からのコミュニケーションをとったり、振る舞ったりしていかなければならなくなるのである。

そもそもエントリーシートや面接を重視する既存の就活の選考プロセスにおいてもパブリックとプライベートの境界は不明瞭である。例えば、エントリーシートや面接は「普段の自分」、「本当の自分」を見せるものであると言われるが、それはパブリックでありながらプライベート、プライベートでありながらパブリックという両者をないまぜにした非常に微妙なものでもある。興味のない企業の面接で気乗りしないまま志望動機を語っている自分は「本当の自分」だろうか。あるいは、本当にその企業に入りたいと思っていて、そのための能力もあるのだが、緊張で全くしゃべれていない自分は「普段の自分」なのだろうか。「ソー活」はこうした「リアル」な場以外にもパブリックとプライベートという局面を持ち込み、状況を立体化し、複雑化させていると言える。

情報化・モバイル化・「ソー活」などによる就活におけるパブリックとプライベートの曖昧化はこうした選考プロセスの瞬間だけではなく、それ以外の時間もあたかも選考中のように振る舞わなければならないというプレッシャーを生み出している。そのようなプレッシャーの中で、就活中はソーシャルメディア上でも徹底的に就活を意識した振る舞い、コミュニケーションを続ける学生もいれば、不正行為や犯罪など非社会的な行為を書きこんでしまい「炎上」するなど問題を引き起こす学生も現れている。こうした就活とソーシャルメディアとの関係は選考する企業側、学生だけでなく、大学、キャリアセンターなども一緒に取り組むべき大きな課題となっている。

3 就活における「つながり」

慶應義塾大学の小俣剛貴さんは「就活3・0」を唱え、Facebookを積極的に活用した就活を行った、まさしく「ソー活」の申し子と言える。自分のFacebookページには履歴書を掲載し、IT系のメディア・コミュニティTech WaveやTwitterなどでも積極的に情報を発信した。しかし、小俣さんはFacebookだけで就活をしていたわけではない。Facebookでの活動をきっかけに、さまざまな人に会ったり、話をしたりすることも重視していたと言う。つまり、Facebookはあくまでツールであり、目的ではない。

社会人と学生のつながり

就活を始める学生は、実際の社会や仕事を知るため、社会人と話してみることが奨励されている。自分の親や兄弟姉妹、親戚、あるいはバイト先の先輩、社員などの「近すぎる」社会人もいいが、そうではない「遠い」社会人とのつながりはこれまであまり知らなかった世界を押し広げ、刺激になることも多い。まさしく、日頃から密に接する「強い紐帯」よりも情報の広がりを促す「弱い紐帯」の強みである。

そのような社会人と学生のつながりを提供する例として、ここでは「JUKE」という団体を取り上げたい[11]。「JUKE」は社会人が主催しているNPO法人であり、学生のキャリア支援、特に大学1、2年生を対象に、キャリアを理解し、行動に向けて「一歩を踏み出す」支援を行なっている。具体的な活動として例えば「ジョブシャドウイング」がある。「ジョブシャドウイング」とは、ある企業や職種の社員に一日同行して、社員の一日を体験する活動である。インターンのように実際に仕事や業務に参加するのではなく、いわゆる「カバン持ち」として社員に付き添うものである。「ジョブシャドウイング」を通じて学生は就活やインターンシップを始める前に様々な仕事や職種をリアルに体験できる。一方で社員は自分の仕事を認知、理解してもらいながら、自分の仕事を振り返るきっかけにもなっている。「JUKE」では「ジョブシャドウイング」以外にも学生たちが女性、理系、グローバルなどさまざまなキーワードでコミュニティを形成し、そこで講演会やパネルディスカッション、ワークショップなどを企画・実施している。

このように「JUKE」の活動の基本は学生が主体的に動くということにあるが、それを支えているのは社会人サポーターと呼ばれている人たちである。社会人サポーターには様々な企業、職種の人たちが参加しており、30代を中心に比較的学生に近い年齢層が多くを占めている。そうした世代の社会人サポーターは学生にとって50代、60代と世代の全く違いすぎる人達ではなく、自分の5年後、10年後を想像しやすい存在である。また「サポーター」という言葉が表しているように、彼ら彼女らは大学生の指導役というよりもあくまで応援する、支える存在である。さらに、こうした活動は実は社会人サポーターにとっても有意義なものである。近年、学習論において自分のしている、あるいはやってきたことが一体どういった意味を持つのかを振り返り、意味付けする「リフレクション（内省）」の重要性が注目されている。つまり、社会人サポーターとして、自分のしてきたことや仕事について振り返りながら学生と話すということはリフレクションとなり、身の学びにもつながるのである。

「意識の高い学生」と「意識の高い学生（笑）」

就活、さらにはキャリアに対して早い段階から積極的に関わっている学生は「意識の高い学生」と言われる。そういった意味で「ＪＵＫＥ」に参加している学生も「意識の高い学生」と言えるだろう。「意識の高い学生」はさまざまなイベントや講演会などに参加したり、あるいは自ら企画したりする。また学内外を問わず広く学生同士あるいは学生と社会人のつながりをつくることにも積極的である。こうした「意識の高い学生」はTwitterやFacebookなどソーシャルメディアも積極的に活用し、社会に対して発信し、人脈を広げている。

しかし一方で、「意識の高い学生」たちのそうした「ノリ」に対する批判もある。例えば、TwitterやFacebookで過剰に自己ＰＲを発信したり、やたらに就活関連のイベントを企画するようになったり、社会人や「意識の高い学生」としかつるまず、他の「意識の低い学生」を見下しているといったものである。ここで挙げたような「意識の高い学生」の「イタい」行動は就活「だけ」に対して前のめりになっていると受け取られ、近年では批判や揶揄の意味も込めて「意識の高い学生ｗｗｗ」、「意識の高い学生（笑）」などと呼ばれたりする。

就活というきっかけで自分のやりたいことを真剣に考えるようになり、またそうした過程でさまざまなイベントに参加、あるいは企画して、社会人に会ったり、他の学生と話したりする。一般的に「意識の高い学生」の一連の行動の因果関係はこのように説明できるはずである。しかし、前述したように就活で求められる「コミュニケーション能力」が「コミュ力」として、就活だけではなく、学校での友人関係、恋愛や結婚など生活全般に必要であるとされる風潮も生まれつつある。そのため、就活で「求められる人材」になるために自分は「コミュ力」のある「意識の高い学生」にならなければならない、という意識が芽生えてくる。「意識の高い学生ｗｗｗ」、「意識の高い学生（笑）」はそのような本末転倒な構造から出てくる行動や言動を皮肉ったものであると言えるだろう。２０１２年、文部科学省は「大学改革実行プラン」を発表し、そこでは入試に関しても学力以外にも意欲や適性など多角的・総合的評価に基づく入学者選抜への転換が提言されている。このように意欲や適性などを問う入試は現在でもＡＯ（アドミッション・オフィス）入試、推薦入試などがあり、そこではエントリーシートや面接などが実施されている。そこでの問題は、熱意があり、主体性のある、活発な人物であるため部活やボランティアを熱心に行う受験生も存在するが、自分をそう見せるために部活やボランティアに精を出すという受験生もいないとは言えないことである。逆に、そうした活動を全くしていないという受験生を熱意があり、主体性のある、活発な人物だと判断することは難しい。

就活が受験のアナロジーとして捉えられるのであれば、受験と同様、それに対応するための「就活塾」「就活予備校」も存在する。古いところでは就職氷河期に入った１９９２年に設立された「我究館」などがある。「就活塾」や「就活予備校」では履歴書、エントリーシートの書き方、自己ＰＲ、グループディスカッション、面接などさまざまな選考プロセスを「受験」さながらに捉え、対策やフォローが行われている。またそこに在籍する学生たちにとっては志を同じくする、あるいは一緒に就活を乗り切る「仲間」を見つける場としても機能している。こうした苦境に対して結束しながら、乗り切っていくための仲間との「つながり」はまさしくソーシャル・キャピタルで言うところの「強い紐帯」と言えるだろう。

社会人同士のつながり

それでは晴れて就活が終わると「コミュ力」のある「意識の高い学生」は「意識の高い社会人」になるのだろうか。近年、異業種交流会や勉強会、朝活など社会人同士のつながりの場も活発に、そして多様化している。社会人同士のつながりを形成する場の例として、ここでは「勉強カフェ」を紹介したい。[12]「勉強カフェ」は２００８年11月にオープンした会員制の勉強スペースで、２０１２年６月の段階で８００名を超える会員が在籍している。「勉強カフェ」はその名の通り、勉強にフォーカスしたカフェである。しかし、図書館や自習室のように一人ひとりが静かに勉強しないといけないという雰囲気ではなく、時には音楽が流れ、会員同士の話し声も聞こえてくる。

ここで注目したいのは「勉強カフェ」は勉強をするスペースや環境を提供しているが、それに加えて勉強する機会や「仲間」も提供している点である。「勉強カフェ」では英語や資格などに関するさまざまな勉強会が会員自身により開催されており、会員は自分が関心を持った勉強会に参加することができる。またスタッフもそうした勉強会を積極的に紹介したり、参加を促したりする。勉強会に参加する人はさまざまなところからバックグラウンドを持っているのでそこで新たな人間関係が生まれることもある。また、勉強以外のセミナーや交流会といったイベントも定期的に開かれ、会員はそこにも参加し、人脈を広げることができる。

こうした場所は「サードプレイス」と言うことができる。「サードプレイス」とはアメリカの社会学者R・オルデンバーグが提唱した概念で、家でもない、会社でもない「第三の場所」が都市の魅力につながるというものである。イタリアのカフェを参考にしたスターバックスなどもコーヒーを飲むだけではなく、そこに人々が集まり、話し合い、また仕事をしている人もいるというように、まさしく「サードプレイス」としての機能を果たすべくデザインされている。オルデンバーグは「サードプレイス」を「憩いの場」として提唱しているが、近年では「憩いの場」だけではなく、学校でも家でもない場所に人々が集い学ぶ「学びの場」としての機能も注目されている。[13] つまり、「意識の高い社会人」は「勉強カフェ」などの「サードプレイス」を自らの学びに活用しながら、「弱い紐帯」を形成・維持し、自らのスキルや可能性を広げているのである。

4　ソーシャルがコミュニケーションの全てを飲み込む時代

Facebookが普及するにつれて会社でもFacebookユーザーが増えている。２０１２年４月にジャストシステムが発表した「Facebook（フェイスブック）の利用状況に関する調査」によると、上司などからの友達リクエストを受けるかという質問に対して、「受けたくないが受けざるを得ない」と答えた人の割合は31％であった。基本的に実際の友人関係に基づいてFacebook上のネットワークは形成されるためにFacebookは社会そのものだと言われるものの、リアルとネットを分けたい人、特にネットでの気安さなど、これまでの匿名を特徴とした日本的ネット文化に慣れている人にとってFacebookをどう扱うか、Facebookでどう振る舞うか、は難しい問題となっている。

ここまで、若者とメディア、コミュニケーション、つながりを就活というフィールドに当てはめて見てきた。

「就活エリート」

もちろん、就活がひとつの「通過儀礼」となっていると言ってもすべての学生が等しく就活をしているわけではない。豊田義博は先にも挙げた『就活エリートの迷走』で就活に取り組む学生の姿勢、集団を「ハイパーエリート層」、「就活エリート層」、「就活漂流層」、「就活諦観層」という4つに分類している。「ハイパーエリート層」は在学中からNPOを組織したり、起業したりしているごく一部の学生である。この層は就活をむしろ楽しみながら様々な企業を回ったり、意中の企業にピンポイントでアプローチしたりしながら内定を取ることができる、あるいは卒業後は自ら起業する層である。その下には「就活エリート層」がいる。彼らはいわゆる「意識の高い」学生であることが多く、在学中にゼミやサークル、バイトなど様々な活動をしながら充実した学生生活を送り、就活でも受験と同様に対策本、マニュアル本などできちんと対策し、真面目に取り組む層である。難関校や人気大学に多く、一流企業、人気企業を受け、内定を勝ち取っていく層である。またその下には「就活漂流層」がいる。彼らは大学でサークルやバイトに一生懸命だが、「意識を持って」取り組んでおらず、なんとなく大学生活を送っていたため就活では振り回されながらも、最終的には自分のポジションを把握し、中小企業や地元に帰るなど、高望みせず現実的なところに収まっていく層である。

一方で、就活に対して熱心になれず、諦めてしまう学生も出てくる。「就活諦観層」は「どうせ……」、あるいは「面倒くさい」などのメンタリティを持ち、正社員になって働くという意欲が持てず、就活の時期でもほとんど活動しない、あるいはしたとしても目についた一つや二つにエントリーし、書類選考などで落ちてしまいそれ以降は活動しない、というケースが多く見られる層である。

就活において本章で見てきたようなソーシャルメディア、コミュニケーションの問題に直面するのはとりわけ「就活エリート層」、「就活漂流層」ということになるだろう。豊田も、就活におけるエントリーシートや面接で「就活エリート」がその場その場での「本当の自分」をあたかも演技しているのは、普段から「キャラ」を使い分けながら人間関係を取り持ってきた「コミュ力」を発揮しているにすぎないと指摘している。豊田の言う「コミュ力」とは、その場が期待するような話を展開し、空気を読みながらその場をうまく取りなすような能力であるが、「就活エリート層」と「就活漂流層」を分けているのは、このような「コミュ力」の差とも言えるだろう。

ソーシャルメディアによるコミュニケーション・モードの曖昧化

就活で重視されるコミュニケーション能力が「コミュ力」として、日常的な友人関係や恋愛、結婚まで拡大されたことで、大学生は日常生活のコミュニケーションそのものが就活に関連するものとして意識させられるようになり、クラスの人気者が就活や人生もうまくいく、といった構図が真偽はともかく、まことしやかに語られるようになった。就活の情報化・モバイル化とそれによる就活の「密度」の高まりはこのような状況に拍車をかけている。特にそれまで匿名を特徴としていた日本のネット文化において、Facebookに見られるような実名を基本とするソーシャルメディアが普及した影響は大きい。実名を基本とするソーシャルメディアによって広がったコミュニケーション空間はこれまでのネットとリアルとの境界を曖昧化させただけではなく、双方の世界におけるプライベートとパブリックとの境界も曖昧化させたと言える。例えば、就活においては、企業の選考や面接でのコミュニケーションをパブリックなものに、そうではない大学での友人や恋人との日常的なコミュニケーションをプライベートなものと分類できるだろう。しかし、就活でコミュニケーション能力、「コミュ力」が重視され、また実名を基本とするソーシャルメディアによってそれらの境界が曖昧になってきたのである。あるいは、ソーシャルメディアが境界を曖昧にすることによって、逆説的にこれまで意識していなかった境界を再認識させたという言い方もできるだろう。

私たちのコミュニケーション・モードについて、ネットとリアルという軸に、プライベートとパブリックという軸も加えて整理してみよう（3―06参照）。現実世界、すなわちリアルにおけるプライベート、パブリックという区分はこれまでもあった。例えば、会社（外）でのモードと家（内）でのモードは使い分けてきた。またプライベートに関しても、リアルでの友だちとの会話があり、その一方でネットにおいては、ケータイ・メールなどの相手あるいはグループ全員が誰だか分かる「内輪」のコミュニケーション、あるいは「2ちゃんねる」、mixiなど匿名やニックネームを使ってのコミュニケーションを展開してきた。そういった意味で日本ではネットで実名にもとづくパブリックなコミュニケーションが根づくことはなかった。Facebookの実名を基本とする文化はネットでのパブリックという、新たなモードでのコミュニケーションの可能性を提示した。こうしたソーシャルメディアは私たちがこれまで慣れ親しんでいたコミュニケーションの区分に

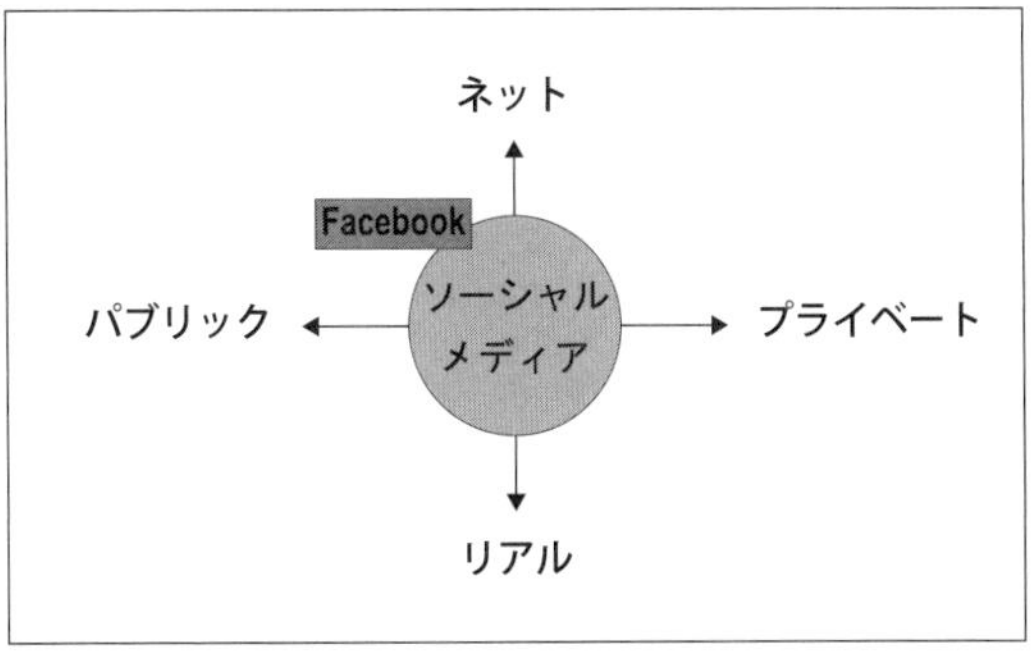

3-06　コミュニケーション・モード

ネットにおけるパブリックという新たなモードを加えるのと同様に、それらの境界を曖昧にしていることも指摘できるだろう。

ソーシャル疲れとソーシャル・ネイティブ

２０１２年にジャストシステムが発表した「Facebook（フェイスブック）の利用状況に関する調査」では、Facebookを利用している際のストレスについてもたずねている。ストレスを感じたことのある人の割合は「ある」（19・０％）と「時々ある」（28・４％）を合わせて47・４％にものぼった。また、その理由（複数回答）としては「人間関係があからさまでプライバシーのないこと」（34・３％）、「シェアされるとどこまで広がるのかわからないので余計なことを発言できない」（33・８％）、「友達リクエストをされて断りにくいこと」（27・１％）などが目立った[14]。

mixiが急速に普及していった時も友人の足跡や日記に反応しなければ「ならない」という「コミュニケーション圧力」の上昇による「mixi疲れ」があったが、Facebookでも「ソーシャル疲れ」が徐々に出始めているようである。mixiはプライベートなコミュニケーションが中心であったが、Facebookはパブリックなものも含めてのコミュニケーションであるため、上司や会社の同僚など、現実世界と同様の「コミュニケーション圧力」がかかるようになっている。このように、かつては「ネットは現実とは違う」ことが問題とされたが、「ソーシャル疲れ」は「ネットと現実が同じ」であること、さらにそのベースが現実にあることが問題となり、起こっていると言えるだろう。

デジタル・ネイティブはネット世界におけるコミュニケーションが「流暢」であるというイメージであるが、それはプライベートなものだけで、パブリックなものは苦手という人も意外と多い。まさしく、就活において「コミュニケーション能力」で苦戦する学生はそうしたパブリックなコミュニケーションが苦手な学生である。

アスキー総合研究所所長の遠藤諭は『ソーシャルネイティブの時代』（アスキー・メディアワークス、２０１１）でソーシャルメディアが当たり前の世代、「ソーシャル・ネイティブ」の登場を指摘した。２００４年にはmixi, Facebook（日本語版は２００８年）が開始され、２００６年にはTwitter（日本語版は２００８年）が開始された。こうしたソーシャルメディアが当たり前の世界で生まれ育ったソーシャル・ネイティブたちはプライベートとパブリックとを往復しながら、あるいは、現実世界とデジタル世界とも往復しながらコミュニケーションを取ることのできるソーシャル生まれ、ソーシャル育ちの世代なのである。

「ソー活」時代の若者たち

本章では、今や学生にとっては社会人になるための「通過儀礼」とも言える就活における情報化・モバイル化とコミュニケーションとの関連について見てきた。21世紀に入り、選考においてコミュニケーション能力が重視されるようになった中で、自己分析、エントリーシート、面接という一連の選考プロセスで自分のコミュニケーション能力をPRできることが重要になった。ただし、そこで言われているコミュニケーション能力が具体的に何を指すのかは明確ではないが、「自分」や「軸」を持っていることをコミュニケーション能力、相手に合わせられることを「コミュ力」とした時、就活ではその両者が複雑に交差している。また、コミュニケーション能力が重視されると言われながらも、結果的に選考から漏れた理由としての「マジックワード」となり、それが一体何を指すのか不透明な状態で学生は就活に臨まなければならなくなっているのが現状である。

就活で多くの学生がエントリーしてくるようになると、企業は説明会やテストなど選考プロセスをオンライン化することで、効率化を図るようになった。マイナビやリクナビといった就職情報サイトなど企業へのエントリーの「ポータル」となるサイトも登場した。こうしたいわゆる公式チャンネルに加え、「2ちゃんねる」や「みんなの就職活動日記」などで就活生同士の交流、面接の情報、またその企業の内部事情など就活に関する情報の流通も拡大し、就活の情報化が進んでいる。
Twitter や Facebook などソーシャルメディアは就活での利用も広まっており、特に2011年は「ソー活元年」と呼ばれた。ソーシャルメディアは情報を収集するのと同時に、エントリーシートや面接では伝えきれない自分のPRにも利用できると盛んに主張されている。さらにスマートフォンの普及によって、いつでもどこでもインターネットに接続でき、就活に濃密にコミットすることも可能になっている。またソーシャルメディアによって、企業も学生に直接アプローチすることが可能になり、あまりエントリーを集めることができない企業にとってはひとつのチャンスと言える。ソーシャルメディアを利用して企業は、エントリーシートや面接だけでは分からない学生の普段の発言や行動をチェックすることも可能になるが、学生は逆に見られていることを意識し、セルフブランディングを行うようになる可能性もある。このように、ソーシャルメディアを就活に利用することで、学生たちは自分たちのコミュニケーションすべてが企業の担当者に見られている「かも知れない」可能性を排除することができず、就活における「選考の目」を内面化するようになる。またそこでは、プライベートとパブリック、ネットとリアルといったコミュニケーションのモードが曖昧化している。しかし、ソーシャルメディアが当たり前の時代に生まれ、育ってきたソーシャル・ネイティブはそうした状況をむしろ当たり前に感じ、そうした境界を意識せず、コミュニケーションを取っていける世代となるだろう。その時に「ソー活」はまた新たな局面を迎えることになる。

1．アメリカや北欧、韓国では80％近くが高等教育機関に進学しており、世界的に見ると日本の大学進学率は非常に高いとは言えない。
2．日本とヨーロッパで大学への進学率、仕事との接続の考え方が異なるため、単純に比較することはできないが、おおまかな特徴として捉えられる。
3．ちなみに2011年の2位から4位に関してはそれぞれ主体性（62・1％）、協調性（55・0％）、チャレンジ精神（50・2％）となっている。教育社会学者の本田由紀は『多元化する「能力」と日本社会』（NTT出版、2005）でコミュニケーション能力も含めて、これら性格や個性など、客観的に測定できない能力を「ポスト近代型能力」とし、それが基準とされる社会をハイパー・メリトクラシー化された社会と指摘した。
4．就活ライブチャンネル <http://live-channel.jp/2013/index.html>
5．注意したいのは、「替え玉」を使うことの善悪はいったん置いておくとして、この騒動の中で、uwebテストを手伝ってくれる友だちもいないのか、あるいは企業が手伝ってくれる友だちがいるかどうかを見ているのではないか、という意見もあったことである。
6．就活生自身が情報を発信することは、インターネットが普及し始めた90年代半ば頃からホームページや、メーリングリスト、掲示板などを利用して行われていたが、コンピュータ自体の価格、接続料の高さなどの理由から多くの学生が使っているとは言いがたかった。
7．HRソリューションズ『大学生の就職活動におけるスマートフォン・携帯電話利用の実態調査』（2011）<http://m.reclog.jp/release/release110512.pdf>
8．学生はケータイ・メールのアドレス、学校などで配布されるメールアドレス、yahoo や gmail などのwe

bサービスが提供するメールアドレスなどいくつかのメールアドレスを所持しているのが一般的である。普段は自分のケータイ・メール用のアドレスが中心であるが、就活が始まるとケータイ・メールだけでは対処しきれない場面が出てくる。例えば、エントリーの登録・連絡用アドレスとしてケータイ・メールではできないところや、企業の人とのやりとりではマナーとしてケータイ・メールが避けられるといった場面である。そのため、スマートフォンでケータイ・メールのアドレス以外も利用できることは有利な点となる。

9. トレンダーズ株式会社の Facebook 枠設置に関するプレスリリース（２０１０年11月15日）<http://www.trenders.co.jp/release/release20101115.html>

10. Mashable"How Recruiters Use Social Networks to Screen Candidates"（リクルーターは応募者を判断するのにどのようにソーシャルネットワークを使っているのか？）（２０１１年１０月）<http://mashable.com/2011/10/23/how-recruiters-use-social-networks-to-screen-candidates-infographic/>

11. JUKE<http://npo-juke.com/>

12. 勉強カフェ <http://benkyo-cafe.net/>

13. 例えば、教育学者の中原淳は「学びのサードプレイス」の重要性を指摘し、企業における人材育成についてさまざまな実践を行なっている。

14. 他には「ソーシャルアプリの〝おせっかい〟なお誘い（招待や協働）」（31・０％）、「直接は知らない人（友達の友達）からのアクション（書き込みなど）も通知される」（26・５％）が上位を占めた。

第4章
モバイル×ソーシャルが変える社会

前章までの考察ではデジタル・ネイティブたちには誰かとつながっていることそのものの価値を評価する傾向が見られた。そのような「繋がりの社会性」は、ケータイのアドレス帳にどれだけの友達が登録されているか、メールの返信があったかどうか、あるいは何通メールしているか、という「コミュニケーションの可視化」に支えられてきた。Twitter や Facebook などのソーシャルメディアは「コミュニケーションの可視化」に加え、誰がどのような発言をしているのか、が誰の目にも見えるような「コミュニケーションの透明化」を進めた。

こうした流れにおいて最も重要な役割を果たしたのがケータイ、近年ではスマートフォンといったモバイルメディアであろう。ポケベルからＰＨＳ、ケータイへと変化していく中でモバイルメディアは私たちの生活に欠かせないものとなり、その普及率は１００％に近く文字通りパーソナルメディアとなった。テクノロジーからメディアになったこれらのモバイルメディアは私たちの人間関係や社会のあり方を変容させてきた。ＰＨＳやケータイに代表されるモバイルメディアが「電話の延長線上」にあるものとして捉えられる第一世代のモバイルメディアだとすると、ソーシャルメディアをはじめさまざまなサービスが展開されるスマートフォンはケータイの流れを引き継ぎつつも「ＰＣの延長線上」にあるものとして捉えられる第二世代のモバイルメディアだと言える。

本章では、こうした第二世代のモバイルメディアが私たちのコミュニケーションを、あるいは社会をどのように変容している／しようとしているのか、を検討しながら、デジタル・ネイティブたちとどのように向き合うべきかを考えていきたい。

1　モバイル再考

２０１２年に発表された女性向けコミュニティサイト「ウイメンズパーク」の調査によると、子育て中の母親の31％がスマートフォンを利用していると回答した。特に、20代は46％と約半数の母親がスマートフォンを利用していることが分かった。また利用者全体の52％が子どもをあやすためにスマートフォンを使ったことがあると回答した。現代の子どもたちにとって、スマートフォンで動画や写真を見たり、アプリやゲームで遊んだりすることはもはや日常的な行為になりつつある。

コミュニケーションのモバイル化とその変容

私たちがメディアと言われてまず頭に思い浮かぶのはテレビや新聞といったマスメディアだろう。マスメディアは文字通り、マス（大衆）に向けて発信するためのメディアであり、そこで行われているのはマスコミュニケーション、すなわち「1対n」のコミュニケーションである。一方で、「1対1」のコミュニケーションはパーソナルコミュニケーションと呼ばれ、そのために利用される手紙や電話といったメディアはパーソナルメディアと呼ばれる。それではソーシャルメディアはどのように位置づけられるだろうか。マスメディアにしても、パーソナルメディアにしても基本的には発信者が一人ないし、少数ということが特徴であった。コンピュータやインターネットの発展と普及によってコミュニケーションの「閾値」、そして発信の技術的ハードルも下がったことで発信者の数が飛躍的に増大した。2ちゃんねるなどネットの掲示板、mixiやTwitter, Facebookなどのソーシャルメディアが示したのは発信者も受信者も多数存在する「n対n」のコミュニケーションであった。

歴史を振り返ると、20世紀はマスメディア全盛の時代であった。それまでの新聞に加え、ラジオ、映画、テレビといったメディアが華々しく社会に登場し、私たちの日常にそして文化になった。一方、パーソナルメディアは手紙に加え、電話が登場、普及してきたがその社会的インパクトは低く見積もられがちであった。パーソナルメディアにようやく注目が集まるのは、ポケベル、ＰＨＳ、ケータイが若者たちに普及していった１９９０年代後半以降である。それらのモバイルメディアの普及によって若者を中心としたコミュニケーション、友人や家族など人間関係がどのように変容したか、についての社会学的な研究が進められていった[1]。

ケータイは文字通り「携帯する電話」として登場したが、年を追うごとに多機能化し、本来の音声通話機能はもはや数多くある機能のうちの一つとしてしか見られなくなっている。ケータイが普及していく過程で、特に若者のコミュニケーションにおいて中心的な役割を果たすようになったのはメールであった。メールが中心的な役割を果たすようになったのは、日本のケータイが通話料金が高く設定されていたことなどが理由として挙げられる。利用の中心となっていった若者たちはケータイ料金を自分で、あるいはお小遣いから支払うことも多く、そのため料金の高くなる通話は避けるようになったのである。

『平成23年度　情報通信白書』によると、２００５年から２０１０年にかけて、電話をする時間は固定電話、ケータイでほぼ変化していないが、ケータイやＰＣでメールを読んだり、インターネットをしたりする時間は増えている。それでは私たちはＰＣやケータイでどれくらいメールを読み書きしているのか。４—01から分かるように、一日のうち、ＰＣでメールを読み・書きをする時間は２００５年から２０１０年にかけて特に40代以上の年代では大きく時間を伸ばしており、それらの世代においてＰＣはメールを読み・書きするツールとして定着し

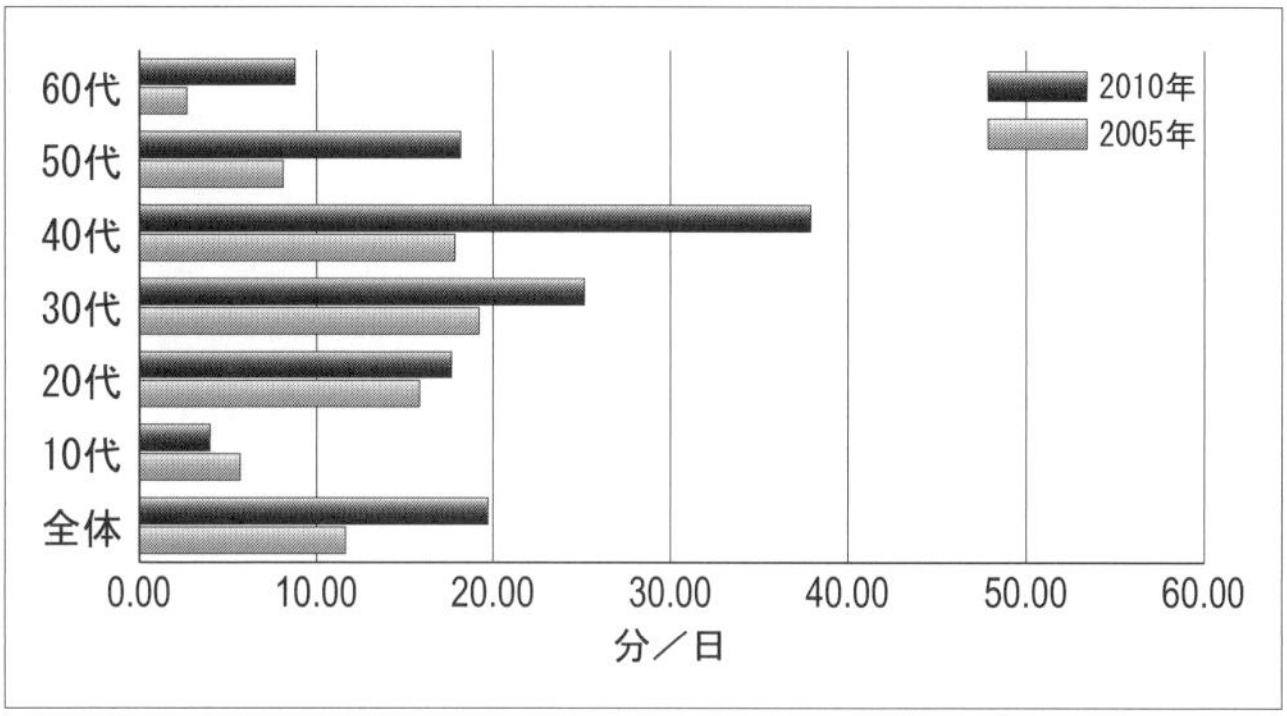

4-01　全体シーンでの「メールを読む・書く（パソコン）」時間の年代別変化（『平成 23 年度　情報通信白書』より作成）

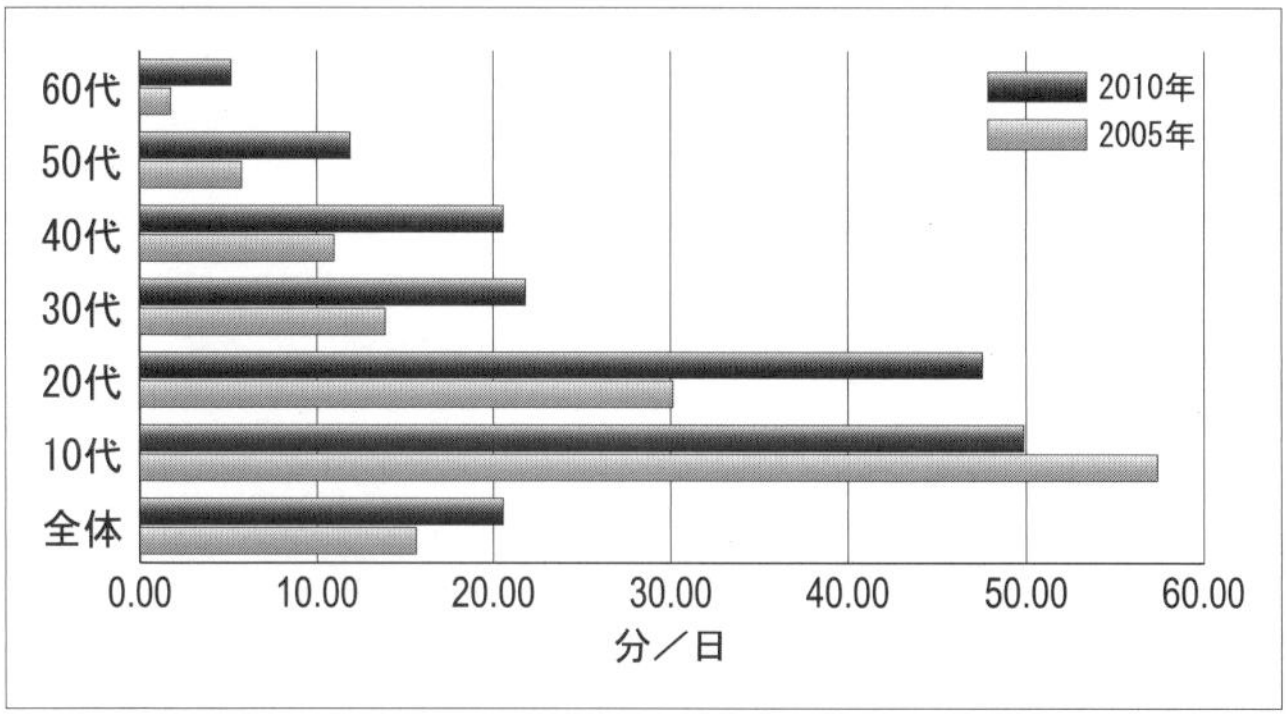

4-02　全体シーンでの「メールを読む・書く（携帯電話）」時間の年代別変化（『平成 23 年度　情報通信白書』より作成）

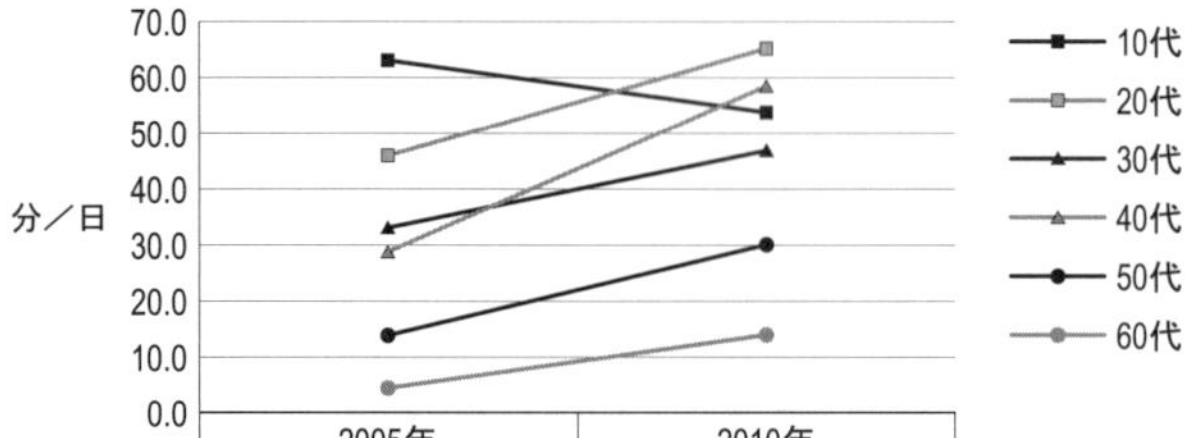

	2005年	2010年
10代	63.1	53.8
20代	46.0	65.2
30代	33.1	46.9
40代	28.8	58.5
50代	13.9	30.1
60代	4.5	14.0

4-03 「メールを読む・書く（携帯電話）」時間と「メールを読む・書く（パソコン）」時間の合計（『平成 23 年度 情報通信白書』より作成）

つつあることが分かる。一方で、4－02を見てみると、2005年から2010年にかけて10代を除きすべての年代で利用時間が増加しており、PCに加え、ケータイもメールを読み・書きするツールとして定着してきていると言えるだろう。また10代の利用時間が減っているものの、メールの読み・書きにケータイを使うのはやはり10代、20代の若い世代が中心であることも分かる。

4－01、4－02で見てきたPC、ケータイ双方のメールを読み・書きする時間を合計したものが4－03である。2005年の時点では他の世代と比べて10代が最も多くの時間を割いており、それ以外の年代層を見ても、年齢を重ねるにつれてメールの読み・書きに時間を使わないことが示されて

年代別インターネットの利用機能・サービス（平成22年：パソコン）

		年代クロス						
		全体	10代	20代	30代	40代	50代	60代
閲覧系	SNS（mixi,GREEなど）を見る	15.3%	17.3%	38.4%	23.5%	8.5%	3.5%	4.5%
	掲示板の内容を読む	30.6%	24.7%	35.4%	40.4%	28.6%	27.3%	20.2%
	他の人（個人）のブログ、ホームページを見る	44.9%	39.5%	50.4%	57.1%	43.4%	42.8%	25.6%
	ツイッター、アメーバなう　などを読む	11.0%	19.8%	16.8%	14.8%	9.0%	5.2%	3.4%
発信系	SNS（mixi,GREEなど）に書き込む	10.3%	12.5%	27.4%	15.3%	4.2%	2.9%	3.4%
	掲示板に書き込みをする	7.9%	12.3%	11.5%	12.0%	6.9%	2.3%	3.4%
	自分のブログ、ホームページを作ったり更新したりする	8.8%	11.1%	15.0%	14.2%	5.8%	4.6%	2.3%
	ツイッター、アメーバなう　などに書き込む	4.7%	7.5%	9.7%	4.9%	3.7%	3.5%	0.0%

年代別インターネットの利用機能・サービス（平成22年：携帯電話）

		年代クロス						
		全体	10代	20代	30代	40代	50代	60代
閲覧系	SNS（mixi,GREEなど）を見る	18.2%	43.5%	50.4%	19.5%	10.1%	3.1%	0.0%
	掲示板の内容を読む	17.8%	35.9%	38.0%	20.8%	13.4%	5.1%	4.5%
	他の人（個人）のブログ、ホームページを見る	18.7%	43.5%	43.8%	19.5%	13.4%	5.6%	0.9%
	ツイッター、アメーバなう　などを読む	7.3%	14.3%	20.2%	8.5%	4.2%	1.5%	0.0%
発信系	SNS（mixi,GREEなど）に書き込む	12.9%	34.8%	34.1%	15.3%	5.1%	2.1%	0.0%
	掲示板に書き込みをする	7.9%	19.8%	18.6%	8.5%	5.1%	1.0%	1.8%
	自分のブログ、ホームページを作ったり更新したりする	6.8%	21.7%	17.8%	6.4%	3.2%	1.0%	0.0%
	ツイッター、アメーバなう　などに書き込む	4.3%	7.6%	14.0%	3.8%	2.8%	1.0%	0.0%

4-04　年代別インターネット利用に主に用いる端末（『平成23年度　情報通信白書』より作成）

いる。ところが、２００５年から２０１０年にかけて、他の世代では時間が伸びている一方で、10代だけがその時間を減らした。その結果、最も時間を割いていたのは20代であり、10代は２位となった。また40代が大きく伸びているが、これは４－01でも確認したように、ＰＣでのメールの読み・書き時間が増えていることによるものである。

　これはＰＣやケータイでメールを読み・書きが一般化し、それに慣れた世代がそのまま年齢を重ねた結果である

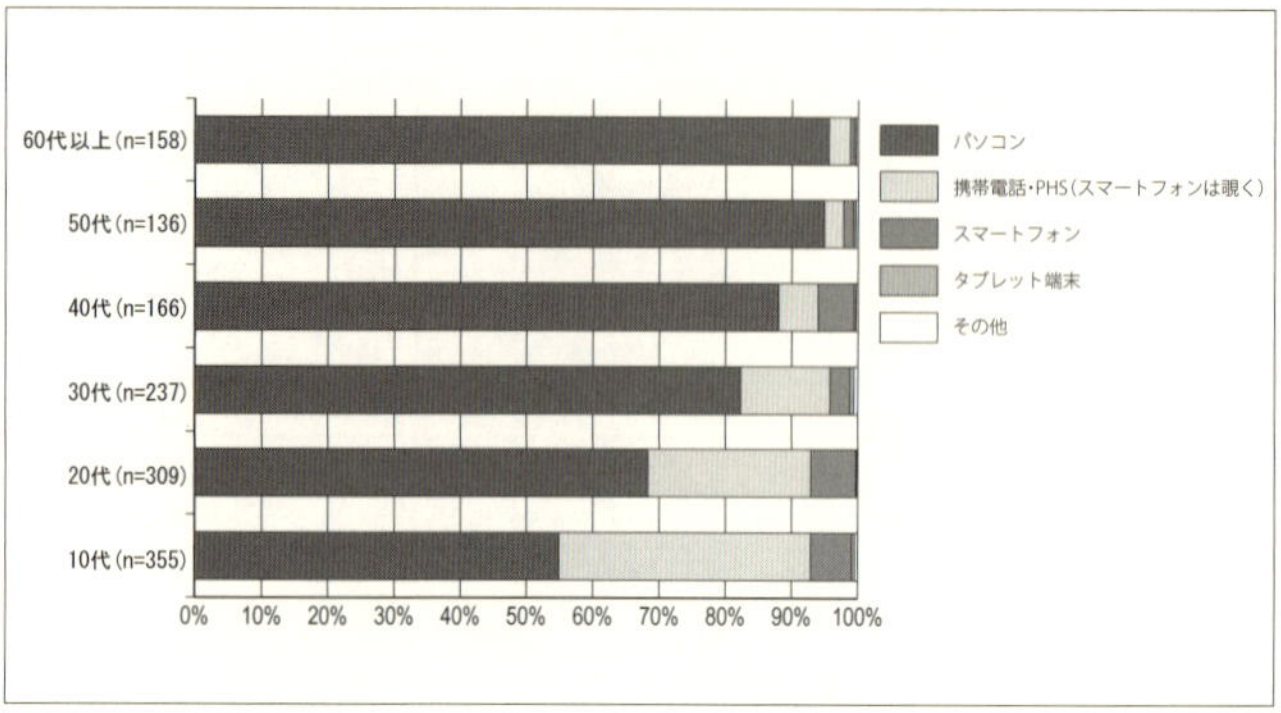

4-05　ソーシャルメディア利用に主に用いる端末（『平成23年度　情報通信白書』より作成）

とも言えるが、それでは10代のメールを読み・書きする時間の現象はどのように理解すればよいのだろうか。現在でも高校生や大学生が電車の中でケータイをせっせと触っている光景はよく目にする。また小学生や中学生でもケータイを持っているのは珍しいことではなくなった。つまり、この結果は「ケータイ離れ」というわけではなく、「メール離れ」と言った方が良さそうである。

10代はメールから離れ、どこに向かったのか。4―04から分かるように、インターネットで利用している機能、サービスを年代別に見ると、10代はケータイを中心に、SNSや掲示板、ブログ、「Twitter などのソーシャルメディアの閲覧、それらを利用しての発信を活発に行なっている様子が分かる。このように、10代はケータイのコミュニケーションにおいて、SNSや「Twitter のようなソーシャルメディアを用いることが増えたためにメールの利用が減っていると考えられる。実際、４―05で示されるように、年代層が若くなるほどソーシャルメディアの利用において、ＰＣではなくケータイを使う割合が増えている。

90年代以降、若者たちのコミュニケーションにおいてケータイはなくてはならないものになっていった。その利用を見てみると、携帯「電話」として通話ではなく、ポケベルの流れを受け継ぐようにメールが中心であった。そして、少なくとも２００５年以降、こうした文字によるコミュニケーションはメールという機能にとどまらず、mixiなどのＳＮＳ、ブログ、Twitterなどソーシャルメディアへと広がっていったのである。そうした流れの中で、ケータイはスマートフォンに姿を変えながら、若者のソーシャルメディア利用の「母艦」として、ともするとＰＣ以上に中心的な役割を担っているのである。

コミュニケーション・チャンネルの多様化

先にも見たように、デジタル・ネイティブである若者たちにとって、ケータイは携帯「電話」ではない。ケータイにおいて、通話はひとつの機能に過ぎず、メールでのコミュニケーションが中心であった。さらにスマートフォンはパソコンサイトを見たり、アプリをインストールすることによってより手軽に、さまざまなコミュニケーションのツールを追加し、カスタマイズできるのがその特徴である。そのため、スマートフォンでは、メール以外にもSNSや掲示板、ブログ、Twitterなどのソーシャルメディアも利用されることが多くなってきており、メールもひとつの機能に過ぎなくなってきている。

例えば、LINEというアプリがある。このアプリをインストールしておけば、LINEのユーザー同士は国やキャリア関係なく通話やメール、写真のやり取りなどが無料で行える。このアプリはiPhoneやAndroidなどスマートフォンはもちろん、iPadやPCにもインストールできる。2011年にスタートしたLINEは、開始8ヶ月後にあたる2012年6月には日本国内で1800万人を超すユーザー数を獲得し、全世界では4000万に達している。2000万ユーザーを獲得するのに要した期間はmixiが73ヶ月、mobageが54ヶ月、Facebookになると28ヶ月、Twitterが26ヶ月となり、これらの代表的なソーシャルメディアと比較してもLINEは非常に速いペースで普及していることが分かる。このように、ケータイやスマートフォンに取って代わるメディアが出てくると言うよりも、ケータイやスマートフォンの画面上で、さまざまなコミュニケーションのサービスやアプリが登場し、プラットフォームを争うという時代になりつつある。

日本では90年代後半にケータイが普及したことによって、モバイル化した若者たちのコミュニケーションの「閾値」が低下し、いつでもどこでもメールをし合う「絶え間なき交信」の時代になった。mixiで友人の日記を読むことで、一緒にいなくても行動が分かるようになる一方で、「足あと機能」によって、自分のページに誰がいつ訪問したかが可視化され、日記にコメントをつけることが無言のうちに求められるようなコミュニケーションの「圧力」が、さらにはコメントがないことによる「不安」が生まれるようになった。Twitterは140字という制限のもと、メールやmixiとは異なり、誰もが返信を強要することなく自由に書き、また基本的には他のユーザーの発言も自由に読むことができる。匿名でも個人を明かしても、さらにはキャラクターになっても利用できる気楽さによって爆発的に広がった。他にもFacebookなどのSNS、GREE, mobageなどのコミュニケーション機能のあるゲームサイト、掲示板、ブログなどそれぞれの特徴を持ちながらコミュニケーションのチャンネルが多様化していった。しかし、どれだけ楽しいサービスでコミュニケーションにかかるコストがないとは言え、1日24時間という時間の上限が決まっている以上、飽和状態になり、それぞれ使い分け、あるいは仕分けることが必要になってくる。

ケータイ、スマートフォンをいじっていたとしてもそれはメールではなく、Twitter、あるいはFacebookのメッセージかも知れないし、LINEでのやり取りかも知れない。デジタル・ネイティブたちは複数のコミュニケーション・チャンネルによって、さまざまなつながりを形成・維持する時代を生きていくことになるだろう。画面上でアプリを切り替えながら、それぞ

れにおいてコミュニケーションを取り、コミュニティを形成し、あるいはキャラを演じること
が日常となるのである。

2　ランチというソーシャルな行為

２０１０年頃から「ジェネレーションC」といった新たな世代名称が提案された。２０１０年10月にインドネシアで開かれた広告会社ニールセン主催の会議で若者を対象としたマーケティングの専門家D・パンクラッツ（Dan Pankraz）は「ジェネレーションC」を、これまであった「ジェネレーションY」や「ジェネレーションZ」のような特定の世代全体を指すのではなく、ソーシャルメディアが産み出した10代から20代の若者の集団だとしている。また「C」が何を指すかについては、constant connectivity（常時接続）、collaboration（コラボレーション）、change（変化）、co-creation（共同創造）、chameleons（カメレオン）、cyborgs（サイボーグ）、curiosity（好奇心）など様々な「C」が含まれているが、大きくは「Connected Collective（つながった集合）」のConsumer（消費者）だと位置づけている。その上で、「ジェネレーションC」について以下の六つの特徴が挙げられている（２０７ページ、４―06参照）。

クアップしている。

誰とランチを食べるのか？

デジタル・ネイティブ、ジェネレーションCなどと言われると、何かすごいことをしている若者たち、というイメージがあるかもしれない。実際、本書のこれまでの章も含めて、テレビや新聞、雑誌といった大手マスメディアで取り上げられる事例や人物は非常に目立つ例をピックアップしている。

しかし、そのような目立った例ばかりだけではなく、自分の大学や会社にいる普通の人たちが普通に暮らしている日常の中で、どのような変容が起こりつつあるかを感じ取ることも重要であろう。ここでは、そうした身の回りの人たちが行う日常的な生活の1コマとして「ランチ」を取り上げてそこに起こりつつある変容を見ていくことにしたい。

現代の日本においてランチをどこで食べるか、誰と食べるかはかなり重要な問題である。ランチに関する悩みは主に二つある。ひとつは「誰と」食べるかであり、もう一つは「どこで」食べるかである。例えば、筆者の勤める大学を見てみても、春の入学シーズンになると誰とランチを食べるかに頭を悩ませている新入生は多い。また、オフィス街を見てみると、お昼時にどこで食べようか、と頭を悩ませている人も多い。

ランチを「誰と」食べるか、という悩みはつながりに直結する悩みである。例えば、日本では伝統的に家族で食卓を囲んでいたのに、90年代は別々に食事をする「孤食」が問題視されるようになった。そして、90年代の「孤食」の時代から、00年代には自分流に好きなものを食べる「個食」の時代への変化が指摘された。[2] こうした「孤食」や「個食」は、健康面はもちろんだが、コミュニケーションの面でも問題視されている。

２０１１年３月に内閣府が発表した「食育の現状と意識に関する調査」[3]によると、家族で「ほとんど毎日」食べていると回答したのは朝食で50・１%、夕食で56・５%であり、逆に一緒に食べることが「ほとんどない」と回答したのは朝食で25・２%、夕食で８・８%であった。[4] また、職場の人達はよく互いを誘い合って食事をするか、という質問に対して、「当てはまる」（26・９%）、「どちらかといえば当てはまる」（21・８%）と合わせて48・７%と半数近くに上った。「どちらともいえない」が20・８%、「どちらかといえば当てはまらない」が10・５%、「当てはまらない」が17・９%であり、食事に誘う方が多数派となっている。この傾向は70歳以上の女性を除き、年齢が若いほど、そして男性よりも女性で顕著であった。

それでは食事を一緒にすることで何を求めているのだろうか。家族と同居している人は家族と一緒に食事を摂ることの利点について、80・１%が「家族とのコミュニケーションを図ることができる」、66・２%が「楽しく食べることができる」としており、他の「規則正しい時間に食べることができる」（35・４%）、「栄養バランスが良い食事を食べることができる」（34・

0%)(複数回答可)を大きく上回っている。つまり、私たちが一緒に食事をするのは、規則正しい生活を送る、栄養バランスが良いものを食べられる、といった健康面よりも、楽しく、コミュニケーションを取るためであると言えるだろう。この調査は家族と同居している人を対象としているが、学校や職場ではコミュニケーションや楽しさの比率がより高くなるだろう。

しかし、誰かと一緒に食事をすることの楽しさが強調される一方で、誰かと一緒ではなく一人で食べている人は、コミュニケーションが取れず、楽しむことができない人というレッテルを貼られかねない。2000年に入ってすぐの頃、学校や職場で一緒にランチを取る相手がいないことに恐怖や不安を感じる「ランチメイト症候群」が話題になった。命名者である精神科医の町沢静夫は、こうした症状は人間関係をうまく築く能力が欠如していることが原因ではないかと指摘した。ランチメイト症候群に見られるように2000年代は一人でいることに対しての風当たりが強くなっていった時代であり、そういった傾向は現在でも根強く残っている。例えば、大学で一人でいる学生は「ぼっち」と呼ばれ、(本人たちの意向とは別に)それを回避するように友人を作るためのさまざまな仕掛けを実施する大学も見られるようになった。また、第2章でも触れたある女子大学生のブログ「炎上」の発端は、ブログにファーストフード店で一人食事をしながらケータイの画面を見ている男性を無断盗撮した写真を載せ、「キモい」とコメントしたことであった。彼女が「キモい」とコメントしたのはその人の外見なのか、行

Tribal behavior（部族的振る舞い）	面白そうなアイデア、文化的な目的や理由、運動などで「つながりたい」と思える「部族」に所属することでアイデンティティを形成したり、自分を表現したりする。
Social status derived by what you share（何をシェアできるかで決まる社会的地位）	意見を言ったり、アイデアや見解、考えをシェアしたりすることで、友人の中での信頼を獲得する。
Bee-like swarm behavior（ハチのような群れ行動）	ソーシャルメディアによって集団がひとつの群れのように動く。例えば、あらゆるものがチーム・スポーツのようにレビューされ、ランクづけされており、商品購入の決め手は友人の賛同になっている。
Social oxygen（酸素となったソーシャル）	ソーシャルメディアによって常に「つながっている」状態であり、意見や考えを述べたり、シェアしたりするためにモバイル機器は「空気」のように不可欠なものになっている。
Continuous partial attention（継続的で、部分的な注意）	現代の 10 代の若者は 13 時間以上コンテンツを消費し、新しい「ニュース」に自らを晒している。彼ら彼女らはコンテンツ・情報マネージメントの「専門家」として、「果てしなく続く会話」を続け、絶え間なく自分の経験を世界に向けて「ライブストリーミング」している。
Chameleons（カメレオン）	自分のアイデンティティを自分が所属しているコミュニティに応じて、頻繁に変えられる「カメレオン」である。
Co-creators（コ・クリエイター）	すでにあるアイデアを消費するのではなく、積極的に参加し、働き、コラボレートする「クリエイティビティの民主化」が起こっている。

4-06　ジェネレーション C の特徴

動なのか今となっては分からないが、食事する相手もいないということがその一因となっていた可能性も十分に考えられるだろう。

どこでランチを食べるのか？

無事に一緒に食べる人が見つかったとして、外で食べる場合、次は「どこで」食べるかが問題となる。第2章でも触れたが広告業界では昔から「AIDMA」と呼ばれる消費者行動モデルを採用してきた。Attention（注目）、Identify（認知）、Desire（欲求）、Memory（記憶）、Action（行動）という一連の消費者の購買行動の頭文字を取ったものである。しかし、インターネットが普及してきた近年では、AIDMAに加えて、AISASモデルも提唱されるようになった。すなわち、Attention（注目）、Identify（認知）、Search（検索）、Action（行動）、Share（共有）というように、Search（検索）とShare（共有）というプロセスが加わっている。この背景にあるのは「口コミサイト」の発展である。特にデジタルネイティブは何かを買おうとするとき、その商品についてCMで流れたり、雑誌に載っていたりするメーカーやお店の言うことだけを真に受けることはない。多くの場合、実際にその商品を使ってみた他のユーザーがブログやサイトに掲載した感想、いわゆる「口コミ」をネット上で検索する。有名な口コミサイトとしては家電を中心にさまざまなレビューや口コミが掲載されている「価格.com」や化粧品を中心としたレビューや口コミを集める「@cosme」などがある。また Amazon や楽天などのショッピングサイトには購入者からのさまざまなレビューが載っているため、これらのサイトも口コミサイトの一種と言えるだろう。こうしたネット上の「口コミ」情報は今や広告やガイドブックと同様か、あるいはそれらよりも重視されている。

例えば、ランチをどこで食べるか探す時に「食べログ」は重宝される。[5]「食べログ」では地域やジャンル、価格などからレストランを検索することができ、ユーザーからの評価を見ることができる。そして、そのレストランがどういった内装か、料理か、接客か、など写真入りで具体的な口コミを見ることができる。利用者は2011年の時点で3000万人を突破するなど大きな影響力を持ち、実際に「食べログ」で評価の高いレストランはたいてい長蛇の列である。ところが、そのような「口コミ」の信頼性に疑問を投げかける事件が起きた。2011年に、「食べログ」の口コミに好意的なものを投稿し、レビューでも高評価を付けることでそのお店のランキング上昇を請け負う業者の存在が発覚した。このような広告と分からない広告、販売促進は「見えないマーケティング」ということで「ステルスマーケティング」、略して「ステマ」と呼ばれる。「ステマ」はこれまでも客を装うサクラのような形で存在していたが、口コミ全盛の時代において、口コミサイトはもちろん、Twitter やブログなどである商品やお店に対して好意的な書き込みや記事を書いたり、逆にネガティブな書き込みや記事を書いたりして印象操作を行うことも増えてきている。とは言え、消費者は意外と冷静である。2012年3月にPR TIMESが発表した「ステルスマーケティングに関する意識調査」によると、「食べログ」における「やらせ問題」に「予想外の出来事に非常に驚いた」と回答したのは12・7%であり、「何となく想定していたが、実際に存在していることに驚いた」が36・9%、「想像通りのことが単に明るみに出ただけと感じた」が41・1%、「当たり前のことに世間が騒ぎ過ぎていると感じた」が9・0%と回答者の9割近くの人がこうした「ステマ」の存在を何となく想像していたことが分かる。しかし、報道前後で「有意義な情報が多く、とても重宝している」が12・5%から4・2%に、「多少の選別が必要になるものの、比較的使える情報がある」が62・8%から51・3%に落ち込んでいることから示されるように、「食べログ」の信頼が揺らいでいないということではない。そこには口コミだから信用できる、というわけではなく、ステマもありうると冷静に受け止めている「賢い消費者」の姿が浮かび上がる。

たかがランチ、されどランチ

ここまで見てきたように、たかがランチと思うかも知れないが、そこには現代のソーシャルメディア、コミュニケーションに関わるさまざまな問題が内在、あるいは表面化しているのである。

「孤独のグルメ」というマンガをご存知だろうか。「孤独のグルメ」は当初1994年から1996年にかけて『月刊PANJA』に連載されていたマンガだが、2008年から雑誌『SPA!』で不定期連載を始め、2012年にはTVドラマ化された。このように2010年代に入ってから徐々に人気を博するようになった作品である。ストーリーは輸入雑貨を商う主人公が仕事の合間に入った店で食事をする様子を淡々と描くもので、グルメマンガにありがちな、驚くような料理法や食材、高級店は一切と言っていいほど出てこない。主人公が入るのはそういう意味では何の変哲もない「普通のお店」である。主人公はガイドブックや「食べログ」で探すのではなく、歩いていて気になるお店にふらっと入り、そこには一緒に食べる人も出てこない。「モノを食べる時はね誰にも邪魔されず自由でなんというか救われてなきゃあダメなんだ。独りで静かで豊かで…」という美学を掲げる「孤独のグルメ」が2010年代に入ってから人気が出てきたのは、「誰と」「どこで」とコミュニケーションやソーシャルメディアに過度に絡めとられたランチへのアンチテーゼになっているからかも知れない。

一方で、普段とは違った人と一緒にランチを食べるサービスが2011年10月に始まった。元グーグルの社員が仕掛ける「ソーシャルランチ」はランチメイトをペアリングするサービスである。参加者はまず二人のペアを組み、ランチ可能な日時と地域を指定する。そこで時間・場所がマッチしている他のペアが提案され、双方のペアが了解すればランチ成立となる。つまり、常に2対2での食事が提案され、一人での参加はできない仕組みになっている。ソーシャルランチはFacebookに登録していることが前提のサービスであり、まさしくソーシャルメディアの提供する「つながり」を2×2＝4人という単位でネット上からリアルへと落としこみ、「弱い紐帯」をつくり出すものである。「弱い紐帯」で想定されていた異業種交流会や勉強会などは比較的人数が多い集まりがイメージされるが、ソーシャルランチが提案するのはもっと小さなサイズの「弱い紐帯」であり、4人というサイズ感が「ちょうどよい」と思われているのかも知れない。２０１２年5月の時点で会員数は5万人を突破した。また、２０１２年4月よりソーシャルランチの大学生版もスタートした。こうした小さな「弱い紐帯」が大学の枠を超えて実現すれば「ぼっち」を救えるのか、あるいは、さらに窮地へと追い込むのかは今後も注目である。

3 「モバイル×ソーシャル」で組み替えられるもの

近年アメリカではオンラインの教育サイトが注目を集めている。中でもとりわけ注目を集めているのはカーン・アカデミー（Khan Academy）である。ボストンのヘッジファンドで金融マンをしていたサルマン・カーンが従兄弟に家庭教師をしている時に、補助になるような映像教材を作り、それをYouTubeにアップロードしたところ、たちまち評判になった。これがきっかけで、彼はヘッジファンドを辞めて、カーン・アカデミーを設立した。カーン・アカデミーには小学生向けから大学レベルまでさまざまな授業ビデオ３１００本以上がカーン・アカデミーのサイトとYouTubeに無料で公開されている。学校の授業をオンラインで、そして無料で公開するという試みはこれまでもあったが、カーン・アカデミーはどちらかと言うと、学校の授業と言うよりも家庭教師を再現してくれる感じである。こうしたオンライン教育サイトは現在の、そしてこれからの学校の授業や教師の意味を鋭く問いかけている。

客観的な知識だけが知識か？

ここまでソーシャルメディアを考える上で重要なポイントとなるモバイルとソーシャルについて見てきた。それでは、こうしたモバイルとソーシャルとの組み合わせ「モバイル×ソーシャル」によって組み替えられるものは一体何なのだろうか。

デジタル・ネイティブはデジタル環境で育ってきた世代に、新しい時代の教育を考えなければならないという文脈から出てきた言葉であった。教室での一斉授業によって教師は教科書を使いながら効率的に知識を伝え、生徒・学生はそれを覚える。そして、これらの評価は「正解」を導くテストにより評価される。こうした講義を中心とした教育スタイルは近代学校教育制度の成立以降、ほぼ変わらず現在に至っている。

ここで言う知識とは、基本的に客観的なものであり、「モノ」として捉えられる。こうした知識の捉え方は「客観的な知識観」と呼ばれる。例えば、歴史の年号、理科の元素記号、英単語や古文単語などが知識であり、それらを効率良く覚えていくことが勉強であると私たちは考えてきた。私たちは知識の詰め込み、暗記に対して批判的でありながらも同時に、知識を覚えていくことが勉強や教育である、というイメージも強く持っているのではないだろうか。

知識を暗記しておかなければいけないということを自明でなくしたのはインターネットであった。覚えていなくても、インターネットで調べればすぐに分かる。こうした感覚を最も端的に表したサービスがWikipediaであった。Wikipediaに対する批判として、Wikipediaの記事は誰でも作成することができ、またそれが後からも自由に編集することができるために「質が低い」というものがある。実際に、多くの記事は概ね信頼できるが、全く間違っているものも存在するし、歴史、政治や宗教などで議論や論争が絶えないものなどは多くの改訂、編集が現在進行形で行われている。そのため、大学などでは学生にレポートや論文を作成する際、Wikipediaを引用しないように指導しているところが多い。こうした批判はとりもなおさず、知識が学問の体系の中で固定化している（ものでなければならない）というこれまでの客観的な知識観から来ているものであると言える。

2011年、京都大学の入学試験においてカンニングが行われ、後に大学側が被害届を出して、カンニングをした受験生が逮捕される騒動となった。[6] 注目すべきはそのカンニングの方法で、入学試験中にケータイから「Yahoo! 知恵袋」に問題を投稿し、そこで第三者からの回答を得ていた。この騒動からは、入学試験において問われる知識、正解とは一体何なのか、という問題を改めて考えさせられる。ケータイで「Yahoo! 知恵袋」に尋ねてすぐに答えが返ってくるものを知識として暗記しておくことが現代においてどれほどの意味があるか、ということを示す一つのきっかけになった。

サンデルとTEDが示す教育のあり方

メディアの発展は現代の学校教育のあり方そのものに対しても揺さぶりをかけている。

2010年、日本では「サンデル旋風」が起こった。ハーバード大学の政治哲学者、マイケル・サンデル教授が行なっている授業は多くの学生が履修することで有名で、You TubeやiTunesなどでも観ることができる。「Justice（正義）」と題されたサンデルの授業は「ハーバード白熱教室」というテレビ番組としてNHKで放映され、日本でも人気を博した。書店では『これからの「正義」の話をしよう』（鬼澤忍訳、早川書房、2010）が飛ぶように売れ、サンデルを日本に招待し「ハーバード白熱教室」を再現したり、日本の大学版「白熱教室」を制作したりするなど盛り上がりを見せた。サンデルの授業のやり方は、受講生との問答を行いながら講義を進めるという、いわゆる対話型講義、別名「ソクラテス方式」と呼ばれるもので、少なくともアメリカでは取り立てて特別なものとは言えない。しかし、知識を一方的に教える一斉授業に慣れている日本人にとっては、サンデルのように講義で履修している学生と対話をしながら進めるやり方が新鮮に写ったのかも知れない。

こうした日本人の「講義熱」に再び火をつけそうなのが「TED（Technology Entertainment Design）」である。「TED」は「Ideas worth spreading（広める価値のあるアイデア）」という標語が示す通り、技術、エンターテイメント、デザインを中心にさまざまな分野の第一級の人が集まり、プレゼンテーションするカンファレンスである。これまでも元アメリカ大統領のビル・クリントン、U2のボーカリストであるボノ、Amazonの創始者であるジェフ・ベソスなどが登壇している。その歴史は、内々で行われていた1984年まで遡るが、2006年に「TED Talks」としてインターネット上で無料公開するようになってから広く注目を集めるようになった。日本でも2012年よりNHKで「TED」のさまざまなプレゼンテーションを紹介する番組が開始され、また「TED」のプレゼンテーションを視聴することのできるスマートフォン・アプリも登場するなど徐々に注目を集めている。[7]

2010年から2012年にかけての「ハーバード白熱教室」から「TED」への流れをどのように理解すればよいのだろうか。通信教育や遠隔教育などメディアは教育を学校での授業という限られた時間、空間をより広く開放するようになった。しかし、それらが拡大しているのはあくまでも学校教育という枠内であった。「ハーバード白熱教室」から「TED」への流れが示しているのは、メディアによって学校教育をより広い文脈で捉えられるようになる可能性である。

教育から学習へ

情報の伝達がメディアを介してオンラインでも行えるようになるということは、決して対面コミュニケーションの意味がなくなるということではない。しかし、実際に教室で教師と、あるいは生徒・学生同士が対面している時に、単に情報を伝達する以外の何ができるか、が今まで以上に問われる時代になるだろう。それを示すように知識や教育に関しても新たな流れが注目されるようになってきた。例えば、近年、アメリカなどで議論されている「反転授業（Flipped Classroom）」はオンラインの講義、教材などを宿題として事前に視聴して、実際の教室では議論や実験など生徒・学生が主体的に関わる活動を行うものである。こうした動きはEducated（教育された）からLearning（学んでいる）へと転換しつつあることを示している。

　またこうした動きは、むしろ学校以外で盛んになってきている。近年、企業や大学などでは、参加者が自ら体験し、共同で学んだり、何かを創りだしたりする形式の学習――ワークショップを積極的に取り入れている。他にも、ワールド・カフェやフューチャー・センターなど、議論や対話によって、さまざまな考え方や視点を得たり、新しい知識やアイデアを創発的に求めたりする場は広がりを見せている。[8]

　こうした背景には「社会構成主義的な知識観」がある。これまでの客観主義的な知識観では、知識は客観的に認知できる「モノ」であったが、社会構成主義的な知識観では、知識は人間関係や社会との関係から構築されていくものと考える。「正解」のない社会を生きる私たちは、すでにある「モノ」としての知識ではなく、周りの人と協働し、社会と関わりながら知識を編み出していくことが求められているのである。

シェアの広がり

「モバイル×ソーシャル」による変容として他にも「シェア（共有）」の拡大がある。例えば、自動車を何人かで共同利用するカーシェアリングは、レンタカーと比べると、10分や30分など小刻みな時間で料金が設定されており、また複数台を利用できるより柔軟なシステムである。そもそも自動車は個人で買った場合、駐車場の確保や自動車税などの税金、車検などが必要になり、ガソリン代も高騰を続ける中、その維持費はバカにならない。現にかつて自動車は若者の憧れであったが、近年では「若者のクルマ離れ」が叫ばれている。ただし、「クルマ離れ」の背景には、都市部においては自動車が、生活上でも、「見栄」の上でもそれほど必要とされなくなっている点だけではなく、シェアの広がりも指摘できるのである。シェアされるのは自動車だけではない。他にも、自転車をシェアするシェアサイクル、共同で部屋を借りるルームシェア、シェアハウスなどさまざまなものに広がっている。[9]

加えて経済的な理由からだけではなく、シェアそのものに価値を見出して積極的にシェアしていこうという動きも活発になっている。例えば、ルームシェアは家賃を共同で出すと一人よりも負担が軽くなるという経済的なメリットがあるものの、そこに誰でも入居できるというわけではなく、友人や知り合い、また広く募集するにしても女性限定など条件が付いているものが多かった。また多様な人が集まっているからおもしろいという反面、価値観の違いなどから摩擦が生じることもあった。それに対して、近年ではコンセプトを明確にしてそれに共感する人に入居してもらうというシェアの形態もあらわれている。例えば、「Colish」[10]はルームシェア、シェアハウスを始めたい人がコンセプトを投稿し、入居者を募集するサイトである。そこでは「旅人たちのシェアハウス」「子育てをみんなで協力しあえるようなシェアハウス」といったように、単に間取りや立地、家賃といった条件で入居者を募集するのではなく、「こういう人と一緒に住みたい」という思いやコンセプトが示され、それに納得、共感できる入居者を募集している。[11]

こうした流れは働き方にも見られる。シェアオフィスは都心部などでオフィスを一社で借りるほどには会社の規模が大きくないところを対象にフロアを区切り、個別のスペースを確保し、貸し出すというものであった。しかし、2011年、渋谷にオープンした「co-ba」はそのようなシェアオフィスとは若干趣が異なっている。「co-ba」はクリエイターのためのコワーキングスペースという位置づけでオープンな空間にさまざまな人が集まり仕事をしている空間である。コワーキングとは、それぞれ独立しながらも、オフィスなどを共有し、協働するスタイルの働き方で、アメリカなどで広まりつつあるワークスタイルである。コワーキングスペースでは単に集まって仕事をするだけではなく、そこでコミュニケーションが生まれることによって、思いもしなかった新たなネットワークやコラボレーションの可能性が拓けているのである。こうしたワークスタイルはソーシャル・キャピタルで言うところの「強い紐帯」ではなく、「弱い紐帯」を重視したものであると言えるだろう。

２０１１年末、Google のブラウザ Chrome のＣＭでは、ボーカロイド「初音ミク」がさまざまな人の手によってつくられ、世界中に広がっていく様子が描かれた。そのＣＭの最後には「Everyone, Creator」という、まさしくコワーキングならぬ、コクリエーションを示す言葉で飾られるのは示唆深い。もちろん、シェアオフィスやコワーキングはまだ始まったばかりで、都合よくすぐに、おもしろいネットワークやコラボレーションが生まれるというわけではないだろう。しかし、若者たちはそうしたネットワークやコラボレーションに価値を、少なくとも可能性を見出しているのである。[12]

ネットからリアルへ

「モバイル×ソーシャル」はネットとリアルとの関係性にも影響を与えている。インターネットが登場し、普及し始めた90年代半ばを振り返ると、リアルの生活や活動に基づきながら、それをネットでも実現しようとしていた。メールや掲示板などはリアルの世界ですでにあるメディアをインターネットで代替するものであったし、リアルでの行為や活動をインターネット上で行おうというものであった。つまり、リアルな世界をネットでも実現しようとしていたという意味で、「リアル→ネット」という流れが見られた。

90年代末から00年代初めにかけて、日本では電子掲示板でも例えば、「2ちゃんねる」に見られるように、リアルと切り離された独特なネット文化が生み出された。またそこでは匿名ゆえにリアルとは切り離されたネットがベースとなったつながりやコミュニティ、コミュニケーションも見られるようになった。そこではリアルとネットとの境界が比較的意識されており、ネットというリアルから切り分けられた世界を楽しむという風潮が見られた。

iモードが普及し、ケータイからのインターネットが盛んになっていった00年代半ば以降は逆に「ネット→リアル」の流れが目立つようになった。当初は出会い系サイトなどアングラなものが多く意識されていたが、mixiやGREEといったSNSがサービスを開始し参加する人が増えてきたり、また「電車男」のような「2ちゃんねる」の書き込みとリアルとが連動するストーリーが人気を博すなど、「ネット→リアル」の流れが見られ出したのが特徴と言える。

2010年以降では本書でも紹介したように「アラブの春」、東日本大震災でのボランティアの呼びかけやフラッシュモブなど、「ネット→リアル」の流れがより一般化し、その対象も広範なものになってきている。さらに言えば、「ネット→リアル」というよりも、ネットとリアルという境界自体が曖昧になり、一体化が進んでいる。

本書ではソーシャルメディアの発展と普及から、ソーシャル・キャピタル、そして「ソーシャルランチなど多くの「ソーシャル」を紹介してきた。ソーシャルという言葉自体が一体何を指すのかよく分からないまま使っていることが多いが、ここで見てきたようなリアルとネットの境界が曖昧になり、一体化してきていることで新たに見え出した現象や行為を私たちは一旦、「ソーシャル」と呼んでいるのではないだろうか。だから「ソーシャル」という時に、それをそのまま日本語にした「社会」とは異なる感覚を私たちはどこか感じ取っているのではないだろうか。オフィスや地元など身の回りの世界でのつながりやコミュニティも「ソーシャル」であるし、世界の貧しい人々への援助などグローバルな単位で活動したり、ネットワークをつくったりするのも「ソーシャル」なのである。そういった意味で、「ソーシャル」はこれまでの「社会」で見られた強固で永続的なコミュニティやネットワークではなく、柔軟で可変的なものなのである。

「ねばならない」から「することもできる」へ

本書はここまでソーシャル・キャピタル論、ネットワーク論を補助線としながら、デジタル・ネイティブである若者たちとソーシャルメディアが発展、普及している現代社会を見てきた。それでは実際に彼ら彼女らとどのように向き合えばよいのだろうか。それを考えることで本書の締めくくりとしたい。

読者の中には、すでに社会人として4月に新入社員を迎えた側の人も多いかと思われる。「ゆとり」だとか、「草食系」だとか批判されがちな現代の若者であるが、厳しい就職活動をくぐり抜けてきた新入社員一人ひとりを見るとむしろ自分たちよりも優秀だと思うことも多いのではないだろうか。しかし、彼ら彼女らの優秀さは認めるけども、一方で彼ら彼女たちの感性や価値観が自分のものとはどこか違うために戸惑うことも多いかも知れない。

本書でもさまざまな事例を紹介してきたが、それらをソーシャルキャピタル論やネットワーク論などの視点で見ると、めまぐるしく変化し、バラバラで理解しがたかったものから、コラボレーション、シェア、社会参加、ネットとリアルの一体化、柔軟さといったキーワードを取り出すことができたが、これらは大きく二つにまとめることができる。一つは「ねばならない」から「することもできる」ものを重視する傾向である。例えば、誰かと日頃から顔を会わせておかなければ「ならない」ような強制力を持ったものではなく、好きなときに柔軟に組み替え「られる」ものである。近年注目を集める、さまざまな場所で仕事を行うノマドワーキングなどもこうした文脈から捉えることができるだろう。そしてもう一つは、はっきりとした境界を定めたがらない傾向である。ネットとリアルの境界の曖昧化、独立しながらも誰かと協働の可能性を探るコワーキングという働き方などはこうした傾向を示している。

若者の向こうにある社会を捉えることの大切さ

本書は明日から目の前にいる新入社員にどう対処するかの特効薬とはなりえないし、それを目的ともしていない。確かに、本書はここまで多くのページを現代の若者を説明することに費やしたが、本書で指摘した特徴がすべての若者に当てはまるわけではないし、若者のすべてを書き尽くせているわけでもない。筆者が重要だと考えているのは、目の前にいる若者一人ひとりの性格や考え方を理解することではなく、若者たちの特徴に示されているような社会全体の流れとそれを形作っている枠組みを捉えることである。

デジタル・ネイティブたちの特徴、ソーシャルメディアの特徴を理解することで、自分のコミュニケーションのとり方、これまでの仕事のやり方や進め方、日々の生活や知識や教育について今一度何を自明だと思っていたか、どのように捉えていたかを振り返って欲しい。若者たちと向き合うためには直接的に目の前の若者たちが何を考え、感じているのかを知ることというよりも、彼ら彼女らがそう考え行動する社会や時代の変化、あり様を捉え、自分を振り返ることが、一見遠回りしているようで近道になるだろう。そして、それは若者を批判するだけであったり、若者を擁護するだけであったりする空虚な若者論を追うことよりも生産的な行為であり、若者たちへの誠実な対応になると信じている。オトナたちもかつては若者であり、若者も次のオトナになるのだから。

---

1. モバイルメディアに関する社会学的な研究として富田英典・藤本憲一・岡田朋之・松田美佐・高広伯彦『ポケベル・ケータイ主義』（ジャストシステム、１９８７）、岡田朋之・松田美佐編『ケータイ学入門』（有斐閣、２００２）などの一連の書籍がある。またこうした研究の流れを引き継いだものとして筆者も執筆に参加した岡田朋之・松田美佐編『ケータイ社会論』（有斐閣、２０１３）がある。
2. 心理学者の室田洋子は子どもが描く食事風景の分析など一連の心理学的研究から特にコミュニケーションの基盤となる家族と食の問題を指摘している。
3. 内閣府食育推進室（２０１１）「食育の現状と意識に関する調査報告書」<http://www8.cao.go.jp/syokuiku/more/research/h23/h23/index.html>
4. この設問の対象となっているのは家族と同居している人のため、単身世帯が増えている現代の日本においては一人で食べている人の比率は紹介した数字よりも高い比率になると考えられる。
5. 「食べログ」の運営会社は「価格.com」を運営するカカクコムである。
6. 実際には京都大学だけではなく、他の大学でも同様の手法でカンニングを行なっていたことが後の調査で明らかになった。
7. ＴＥＤの講演を各国語に翻訳するプロジェクトも進んでおり、日本語の字幕付きで見ることのできる講演も増えている。ＴＥＤの日本語字幕版< http://www.ted.com/translate/languages/ja>
8. GLOCOMイノベーション行動科学プロジェクトでは日本におけるフューチャー・センターを推進している。２０１２年5月から6月にかけてFuture Center Weekを展開し、全国で50以上のセッションが開催された。

9. ルームシェアとシェアハウスの違いは、基本的に既存の住人が募集する形式がルームシェア、業者が入るのがシェアハウスと言われている。

10. Colish <http://colish.net/>

11. こうした条件だけではなく、「ストーリー」や「エピソード」を全面に出しながら、借り手とのマッチングを重視する不動産屋として「東京R不動産」＜http://www.realtokyoestate.co.jp/＞がある。

12. また「co-ba」には「co-ba library」というシェアライブラリーが併設されている。そこでは提供者別に本が並べられ、貸し借りも可能である。このように、これまで「シェア」という発想のなかったものに、新たに「シェア」を当てはめることで、新たな価値を見出しているのである。

おわりに

編集者の瀬尾博之さんから2011年に執筆のお話をいただいてからあっという間に一年以上が過ぎた。読者の中には一年前にFacebookがこれほど広まると予想していた人がいたかも知れない。しかし、ソーシャルメディアの普及によって、就職活動や働き方、学習といった私たちの生活や行為がこのように変容するのを予想できた人は少ないのではないだろうか。つまり、メディアやテクノロジーの普及や発展は予想できても、それが社会に広まり、使われるようになることで、私たちがそれまで普通に行ってきた行動や慣習、考え方がどのように変化するかを予想することは難しい作業である。その変化のスピードが速いとなおのことである。

インターネット、あるいはソーシャルメディアの普及によって、私たちはそのジャンルや空間的な幅、深さどれをとっても今までとは比べ物にならないくらい多くの情報に接することができるようになっている。本書ではデジタル・ネイティブに始まり、アラブの春、ソーシャルファンディング、炎上、ソー活、ソーシャルランチなど（執筆時には）先端的と思われるさまざまな事例を見てきた。なるべく新しい、これからの社会の流れの萌芽となるような事例を選んだつもりであるが、こうした萌芽も本書が出る頃には、すでに咲き誇ってメジャーとなっている、あるいはすでにしおれたものになっているかも知れない。

実際、まさしくこの「おわりに」を書いている最中にも、本書でも紹介したGoogle+で多くのフォロワーを集めている坂口綾優さんがstudygiftという学費支援を目的としたソーシャルファンディングのプラットフォームの第1号モデルとなったが、後に成績不良から退学していたことが発覚し、ネット上で炎上しているというニュースを目にした。この問題はソーシャルメディア、クラウドファンディング、ソー活、セルフブランディング、学習といった本書で触れたさまざまな要素が絡んでいる。このように新しい萌芽、新しい問題は毎日、至る所に現れているのである。

こうしたメディアや社会を巡るリアルタイムの動きは、執筆し、編集し、印刷するという書籍という形では近年、ますます追いきれなくなっている。そのため、本書ではソーシャル・キャピタル論やネットワーク論など、日々の情報や事例をどのように見るのかといった視点やそれらを分析する際に有効と思われる枠組みを獲得できるように書いたつもりである。そして、筆者自身がそうした視点や枠組みをもって、新たに事例を分析し、また若者たちと会話をしながら考えたプロセスやそこから得た着想を本書になるべく盛り込んでいる。

本書を手に取った読者が、現代社会における新たな萌芽を見つけることに、あるいは問題を分析する際に本書で示した視点や枠組みが一助となれば幸いである。そして、日々の事例を追うだけでもなく、またそれから離れた理論だけでもなく、その両者を往復することによって、いろいろな気づきが生まれればなお幸いである。欲を言えば、そうすることで、自分の生活を、目の前の人との関係を、自分がいる集団を、時には地域、社会を少しでも居心地よく、気持ちいいものにできる思考や実践を試みてみようと思ってもらえれば、さらにさらに幸いである。

最後まで粘り強く、つきあってくださった教育評論社の瀬尾さん、なんら教育的ではない試論につきあってくれた講義やゼミの学生たち、執筆へのモチベーションが高く周りを見ていない時も、逆にモチベーションが低く、何もできない時も「仕方ない」と笑顔でつきあってくれた妻・洋子。まさしく、いろいろな人との「つながり」のおかげでできた本です。最後に、ここで感謝の意を記したいと思います。

2012年5月、「天空のスターバックス」にて。

主要参考文献

第1章

山本七平『「空気」の研究』（文藝春秋、1983）
吉見俊哉、若林幹夫、水越伸『メディアとしての電話』（弘文堂、1992）
富田英典、岡田朋之、藤本 憲一、松田 美佐、高広 伯彦『ポケベル・ケータイ主義！』（ジャストシステム、1997）

水越伸『デジタルメディア社会』（岩波書店、1999）
北田暁大『広告都市・東京』（広済堂出版、2002）
北田暁大『嗤う日本の「ナショナリズム」』（NHK出版、2005）
鈴木謙介『カーニヴァル化する社会』（講談社、2005）
NHK生活文化研究所『国民生活時間調査 2005』（2006）
松下慶太『てゆーか、メール私語』（じゃこめてぃ出版、2007）
木下晃伸『デジタルネイティブの時代』（東洋経済新報社、2009）
佐々木俊尚『2011年 新聞・テレビ消滅』（文春新書、2009）
三村忠史、倉又俊夫『デジタルネイティブ ―次代を変える若者たちの肖像』（NHK出版、2009）
橋元良明『ネオ・デジタルネイティブの誕生』（ダイヤモンド社、2010）
阿部真大『居場所の社会学 ―生きづらさを超えて』（日本経済新聞出版社、2011）
伊藤昌亮『フラッシュモブズ』（NTT出版、2011）
岡田朋之、松田美佐編『ケータイ社会論』（有斐閣、2012）

古市憲寿『絶望の国の幸福な若者たち』（講談社、２０１１）

岡田朋之、松田美佐編『ケータイ学入門』（有斐閣、２０１２）

津田大介『動員の革命―ソーシャルメディアは何を変えたのか』（中央公論新社、２０１２）

高広伯彦『次世代コミュニケーションプランニング』（ソフトバンククリエイティブ、２０１２）

D・タプスコット『デジタルチルドレン』（橋本恵、菊池早苗、清水伸子訳、ソフトバンククリエイティブ、１９９８）

D・タプスコット『デジタルネイティブが世界を変える』（栗原潔訳、翔泳社、２００９）

M・プレンスキー『テレビゲーム教育論―ママ！ジャマしないでよ勉強してるんだから』（藤本徹訳、東京電機大学出版局、２００７）

M・プレンスキー『デジタルゲーム学習』（藤本徹訳、東京電機大学出版局、２００９）

M・マクルーハン『グーテンベルクの銀河系―活字人間の形成』（森常治訳、みすず書房、１９８６）

M・マクルーハン『メディア論　人間の拡張の諸相』（栗原裕・河本仲聖訳、みすず書房、１９８７）

H・ラインゴールド『バーチャル・コミュニティ』（会津泉訳、三田出版会、１９９５）

H・ラインゴールド『バーチャル・コミュニティ』（公文俊平、会津泉訳、三田出版会、１９９５）

B・アンダーソン『定本　想像の共同体』（白石隆、白石さや訳、書籍工房早川、２００７）

放送倫理・番組向上機構「〝デジタルネイティブ〟はテレビをどう見ているか？～番組視聴実態３００人調査」<http://www.bpo.gr.jp/youth/research/index.html>（２０１０年８月30日アクセス）

M・Prensky（２００１）〝Digital Natives、Digital Immigrants〟On the Horizon. MCB University Press、vol.9 No.5<http://www.marcprensky.com/writing/Prensky%20-%20Digital%20Natives,%20Digital%20Immigrants%20-%20Part1.pdf>（２０１０年８月30日アクセス）

M・Prensky（2001）〝Do They Really Think Differently?〞On the Horizon. MCB University Press、vol.9　No.6<http://www.marcprensky.com/writing/Prensky%20-%20Digital%20Natives,%20Digital%20Immigrants%20-%20Part2.pdf>（2010年8月30日アクセス）

第2章

池田謙一編『ネットワーキング・コミュニティ』（東京大学出版会、1987）
宮川公男、大守隆編『ソーシャル・キャピタル　―現代経済社会のガバナンスの基礎』（東洋経済新報社、2004）
宮田加久子『きずなをつなぐメディア　―ネット時代の社会関係資本―』（NTT出版、2005）
増田直紀『私たちはどうつながっているのか　―ネットワークの科学を応用する』（中公新書、2007）
土井隆義『友だち地獄　―「空気を読む」世代のサバイバル』（筑摩書房、2008）
原田曜平『近頃の若者はなぜダメなのか 携帯世代と「新村社会」』（光文社、2010）
佐々木俊尚『キュレーションの時代　―「つながり」の情報革命が始まる』（筑摩新書、2011）
稲葉陽二『ソーシャル・キャピタル入門　―孤立から絆へ』（中央公論新社、2011）
稲葉陽二、近藤克則、宮田加久子、大守隆、矢野聡編『ソーシャル・キャピタルのフロンティア』（ミネルヴァ書房、2011）
高広伯彦、池田紀行、熊村剛輔、原裕、松本泰輔『フェイスブック　インパクト』（宣伝会議、2011）
P・レヴィンソン『デジタル・マクルーハン』（NTT出版、2000）
R・D・パットナム『孤独なボウリング　―米国コミュニティの崩壊と再生』（柴内康文訳、NTT出版、2001）

R・D・パットナム　『哲学する民主主義　―伝統と改革の市民的構造』（河田潤一訳、NTT出版、2001）
A・L・バラバシ　『新ネットワーク思考　―世界のしくみを読み解く』（NHK出版、2002）
D・ワッツ　『スモールワールド・ネットワーク　―世界を知るための新科学的思考法』（辻竜平、友知政樹訳、阪急コミュニケーションズ、2004）
D・ワッツ　『スモールワールド　―ネットワークの構造とダイナミクス』（栗原聡、福田健介、佐藤進也訳、東京電機大学出版局、2006）
S・コールマン　『社会理論の基礎（上）』（久慈利武訳、青木書店、2004）
S・ストロガッツ　『SYNC』（蔵本由紀、長尾力訳、早川書房、2005）
J・S・コールマン　『社会理論の基礎（下）』（久慈利武訳、青木書店、2006）
N・リン　『ソーシャル・キャピタル　―社会構造と行為の理論』（筒井淳也、石田光規、桜井政成、三輪哲、土岐智賀子訳、ミネルヴァ書房、2008）
N・A・クリスタキス、J・H・ファウラー　『つながり　社会的ネットワークの驚くべき力』（鬼澤忍訳、講談社、2010）
Bourdieu, P., 1986, "The Forms of Capital," J. G. Richardson ed., Handbook of Theory and Research for the Sociology of Education, Westport, CT: Greenwood Press, 241-5

第3章

本田由紀　『多元化する「能力」と日本社会　―ハイパー・メリトクラシー化のなかで』（NTT出版、2005）
楠木新　『就職に勝つ！　わが子を失敗させない「会社選び」』（ダイヤモンド社、2009）
坂本直文　『内定に直結する就活ノート術』（日本実業出版社、2009）

中村昭典『親子就活 親の悩み、子どものホンネ』（アスキー・メディアワークス、2009）
本田由紀『教育の職業的意義 ―若者、学校、社会をつなぐ』（筑摩書房、2009）
森健『就活って何だ ―人事部長から学生へ』（文藝春秋、2009）
太田聰一『若年者就業の経済学』（日本経済新聞出版社、2010）
加藤清紀『内定率100％！ 先輩たちの「就活ノート」』（光文社、2010）
角方正幸、松村直樹、平田史昭『就業力育成論 ―実践から学ぶキャリア開発支援策』（学事出版、2010）
苅谷剛彦、本田由紀編『大卒就職の社会学 ―データからみる変化』（東京大学出版会、2010）
釼地邦秀『大学1・2年から始めるキャリアデザイン ―就活のポイントと手順がわかる本』（日本経済新聞出版社、2010）
白潟敏朗『内定の5力』（中経出版、2010）
園田雅江、佐藤訓『ウチの子 内定まだなんです ―我が子の就活にどう関わるべきか―』（日本経済新聞出版社、2010）
常見陽平『くたばれ！ 就職氷河期』（角川SSコミュニケーションズ、2010）
常見陽平『就活難民にならないための大学生活30のルール』（主婦の友社、2010）
豊田義博『就活エリートの迷走』（ちくま新書、2010）
横瀬勉『人事のプロは学生のどこを見ているか』（PHP研究所、2010）
主婦の友『女子の就活「受かる」面接必勝ノート ―面接は「見た目」が8割！』（主婦の友社、2010）
海老原嗣生『就職、絶望期 ―「若者はかわいそう」論の失敗』（扶桑社、2011）
遠藤諭『ソーシャルネイティブの時代』（アスキー・メディアワークス、2011）
菅山真次『「就社」社会の誕生 ―ホワイトカラーからブルーカラーへ』（名古屋大学出版会、2011）

菊原智明『面接ではウソをつけ』（講談社、２０１１）
沢田健太『大学キャリアセンターのぶっちゃけ話　知的現場主義の就職活動』（ソフトバンククリエイティブ、２０１１）
鈴木健介『就活は子どもに任せるな』（中央公論新社、２０１１）
園田雅江『わが子を就活難民にしないため親ができること』（主婦の友社、２０１１）
田口久人『内定の常識　就職活動前に知っておきたかった52のこと』（ダイヤモンド社、２０１１）
田宮寛之『就活は３年生からでは遅すぎる！』（東洋経済新報社、２０１１）
常見陽平『就活の神さま　～自信のなかったボクを「納得内定」に導いた22の教え～』（WAVE 出版、２０１１）
麓幸子『就活生の親が今、知っておくべきこと』（日本経済新聞出版社、２０１１）
平田潤、笹子善平『プレステップ就活学』（弘文堂、２０１１）
本田由紀『軋む社会　教育・仕事・若者の現在』（河出書房新社、２０１１）
森岡孝二『就職とは何か　―〈まともな働き方〉の条件』（岩波書店、２０１１）
石渡嶺司『大学の思い出は就活です（苦笑）　大学生活50のお約束』（筑摩書房、２０１２）
児美川孝一郎『これが論点！　就職問題』（日本図書センター、２０１２）
常見陽平『親は知らない就活の鉄則』（朝日新聞出版、２０１２）
OECD 編著『日本の若者と雇用　―OECD 若年者雇用レビュー：日本』（濱口桂一郎監訳、中島ゆり訳、明石書店、２０１０）
OECD 編著『世界の若者と雇用　―学校から職業への移行を支援する』（濱口桂一郎監訳、中島ゆり訳、明石書店、２０１１）

第4章

佐伯胖『「学び」の構造』（東洋館出版社、2000）
堀公俊、加藤彰『ワークショップデザイン―知をつむぐ対話の場づくり』（日本経済新聞出版社、2008）
香取一昭、大川恒『ワールド・カフェをやろう！』（日本経済新聞出版社、2009）
佐々木俊尚『仕事するのにオフィスはいらない』（光文社、2009）
中原淳、長岡健『ダイアローグ 対話する組織』（ダイヤモンド社、2009）
中谷健一『「どこでもオフィス」仕事術―効率・集中・アイデアを生む「ノマドワーキング」』（ダイヤモンド社、2010）
堀公俊『白熱教室の対話術』（TAC出版、2011）
中原淳『知がめぐり、人がつながる場のデザイン―働く大人が学び続ける〝ラーニングバー〟というしくみ』（英治出版、2011）
佐谷恭、藤木穣、中谷健一『つながりの仕事術～「コワーキング」を始めよう』（洋泉社、2012）
野村恭彦『フューチャーセンターをつくろう―対話をイノベーションにつなげる仕組み』（プレジデント社、2012）
J・レイヴ、E・ウェンガー『状況に埋め込まれた学習―正統的周辺参加』（佐伯胖訳、産業図書、1993）
J・デューイ『学校と社会』（市村尚久訳、講談社、1998）
J・デューイ『経験と教育』（市村尚久訳、講談社、2004）
Y・エンゲストローム『拡張による学習―活動理論からのアプローチ』

Y・エンゲストローム、山住勝広『ノットワーキング 結び合う人間活動の創造へ』（山住勝広、百合草禎二、庄井良信、松下佳代、保坂裕子、手取義宏、高橋登訳、新曜社、1999）
M・サンデル『これからの「正義」の話をしよう ―いまを生き延びるための哲学』（鬼澤忍訳、早川書房、2010）
M・サンデル『ハーバード白熱教室講義録+東大特別授業（上）』（NHK「ハーバード白熱教室」制作チーム、小林正弥、杉田晶子訳、早川書房、2010）
M・サンデル『ハーバード白熱教室講義録+東大特別授業（下）』（NHK「ハーバード白熱教室」制作チーム、小林正弥、杉田晶子訳、早川書房、2010）
J・ジャービス『パブリック―開かれたネットの価値を最大化せよ』（小林弘人監修、関美和訳、NHK出版、2011）
L・ガンスキー『メッシュ すべてのビジネスは〈シェア〉になる』（実川元子訳、徳間書店、2011）
A・ブラウン、D・アイザックス、ワールド・カフェ・コミュニティ『ワールド・カフェ ～カフェ的会話が未来を創る～』（香取一昭、川口大輔訳、ヒューマンバリュー、2007）
M・ワイスボード、S・ジャノフ『フューチャーサーチ ～利害を越えた対話から、みんなが望む未来を創り出すファシリテーション手法～』（ヒューマンバリュー、香取一昭訳、ヒューマンバリュー、2009）
R・ボッツマン、R・ロジャース『シェア ＜共有＞からビジネスを生みだす新戦略』（小林弘人監修、関美和訳、NHK出版、2010）

〈著者略歴〉

松下慶太（まつした・けいた）

1977年、兵庫県生まれ。京都大学文学研究科博士課程修了、博士（文学）。フィンランド・タンペレ大学ハイパーメディアラボラトリー研究員、目白大学専任講師を経て、現在、実践女子大学准教授。専門はメディア論、学習論。

著書に『てゆーか、メール私語―オトナが知らない机の下のケータイ・コミュニケーション』（じゃこめてい出版、2007）。

共著に「若者とケータイ・メール文化」「モバイル社会の多様性　フィンランド」岡田朋之・松田美佐編『ケータイ社会』（有斐閣、2012）など。

デジタル・ネイティブとソーシャルメディア

若者が生み出す新たなコミュニケーション

2012年8月17日　初版第1刷発行

著　者　松下慶太
発行者　阿部黄瀬
発行所　株式会社 教育評論社
〒103-0001
東京都中央区日本橋小伝馬町2-5 FKビル
TEL 03-3664-5851
FAX 03-3664-5816
http://www.kyohyo.co.jp
印刷製本　壮光舎印刷株式会社

ISBN 978-4-905706-70-0　C0036